だいわ文庫

カトリーヌ・ドヌーヴの言葉

山口路子

大和書房

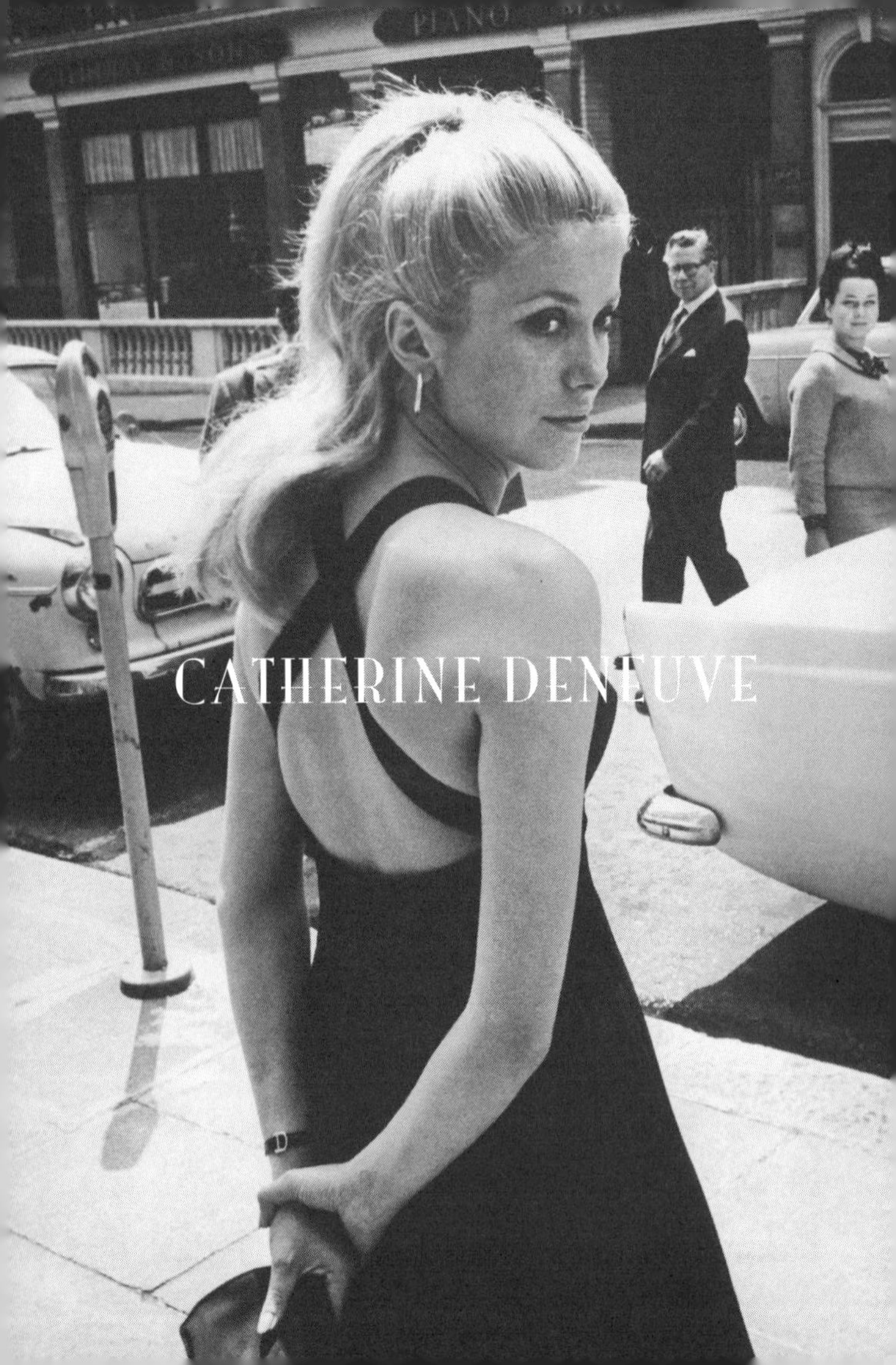

CATHERINE DENEUVE

恋愛においては、
経験はけっして
役に立たない。

誰しも他人をジャッジする
権利をもたない。
正しいこと、正しくないことを
決める権利をもたない。
このことはぜったいに
忘れてはいけないわ。

「美しいですね、
でもそれだけ」
と言われている気が
ずっとしていた。

はじめに――「フランス映画界の至宝《しほう》」はエレガントでパンク！

カトリーヌ・ドヌーヴ。フランス映画界の至宝。

十四歳のころから映画の世界に入り十八歳で主役デビュー、二十歳のとき『シェルブールの雨傘』で一躍有名になり、以後半世紀以上もの間トップ女優として映画界に君臨《くんりん》、出演した映画は百本を超えます。同年代の多くの女優がリタイア状態にあるなか、二〇一九年十月二十二日に七十六歳の誕生日を迎えてもなお、主役級のオファーが途切れることなく、それどころか多くの才能ある監督がドヌーヴのために脚本を用意するという、ほかに類《るい》を見ない女優です。

カトリーヌ・ドヌーヴについて語られるときのキーワードとして多いのはやはり「クール・ビューティー」「シック」「エレガント」。これらは多くのひとがイメージする「美しき大人のフランス女性、フレンチマダム」のイメージそのものでしょう。

けれど彼女が特別なところは、それだけではないどころか、それらと真逆といっていい性質があるということです。

ドヌーヴをよく知るひとが彼女について語るときに登場するキーワードをいくつか並べてみます。「シャイ」「おちゃめ」「子どもみたい」「パンク」「アヴァンギャルド」「毒舌、でもチャーミング」。

大女優、フレンチマダムといった形容では、とうていおさまりきらないのが、カトリーヌ・ドヌーヴというひとです。

『真実』のヒロイン

二〇一九年八月、ヴェネチア国際映画祭では是枝裕和《これえだひろかず》監督の『真実』がオープニング作品に選ばれました。日本が誇る映画監督がカトリーヌ・ドヌーヴとジュリエット・ビノシュというフランスの二大女優をパリで撮るということで、早くから注目を集めていた映画です。

その日、是枝《これえだ》監督、ビノシュとともにレッド・カーペットに現れたドヌーヴは圧倒的でした。親しい友人でもあるジャン・ポール・ゴルティエのエッジの利《き》いた朱《あか》×黒のロングドレス、ちらりと見える背中のタトゥと合わせて、年齢を重ねた女性のエレガンスとドレスのみごとなコントラスト。それは賛辞《さんじ》を忘れて見惚れるほどのスタイルでした。

上映に先立つ会見では、ドヌーヴが会場に現れた瞬間、ただそれだけで大きな拍手と歓声が沸《わ》き起こり、会場は熱気に包まれました。そして映画上映後はスタンディング・オベーションが六分もの間、続いたのです。

数々の栄光

ドヌーヴはその女優人生のなかで、『終電車』『インドシナ』などで主演女優賞を受賞、ほかにも数多くの賞を受賞しています。

フランス共和国を象徴する「自由の女神」、いわゆる「マリアンヌ」のモデルに選出されたこともあり、公共の場にドヌーヴの彫像が設置され、通貨や切手にも彼女の肖像が使われました。

その美しさと雰囲気を讃《たた》えた「カトリーヌ・ドヌーブ」という名の薔薇《ばら》も作られています。春の薔薇シーズン後の秋まで咲き続けることができて、花弁が少ない薔薇。一九七九年にローマ金賞を受賞しています。


多くの名誉ある賞を受賞し、その功績を讃えられてきたドヌーヴですが、二〇一六年にリュミエール賞を受賞したことは意義深いことでしょう。これは映画界に貢献した人物に対して、毎年一人が選ばれる賞です。

二〇〇九年に創設され、初代のクリント・イーストウッド後、ケン・ローチ、クエンティン・タランティーノ、ペドロ・アルモドバル、マーティン・スコセッシなど、そうそうたる映画人が受賞してきました。ドヌーヴはこの名誉ある賞の初の女性受賞者なのです。

ファッション界のミューズ

カトリーヌ・ドヌーヴを語るとき、ファッション界との関係を外すことはできません。

永遠のファッションアイコンとして、いまも健在。とくに一九六〇年代から七〇年代にかけてのファッションは色褪《あ》せることがまったくなく、女性誌などでもたびたび特集が組まれています。

ドヌーヴをファッションアイコンとしたのは、イヴ・サンローラン。ミリタリー・コート、黒いエナメルのコート、白い襟《えり》と白いカフスのブラックドレス……彼らの最初の仕事である映画『昼顔』のファッションはいまや伝説的です。

シャネルの初代ミューズもドヌーヴでした。一九七〇年代、香水No.5のCMの彼女に「ミステリアス・ビューティー!」「世界でもっともエレガントな女性」と世界中が熱狂しました。

年齢を重ねてからも「M・A・C」や「ルイ・ヴィトン」などがイ

『昼顔』のワンシーン

メージキャラクターに起用していることからも、「カトリーヌ・ドヌーヴ」の効力が絶大であることがわかります。

二〇一九年の秋冬パリコレクションでは「ジャックムス」と「サンローラン」、二つのブランドがカトリーヌ・ドヌーヴにオマージュを捧げたコレクションを発表したことが話題になりました。

また二〇一九年一月には自らが所有するイブ・サンローランのアイテムをパリのクリスティーズ・オークションに出品、五時間にわたるオークションで百二十九点が完売、想像を上回る落札価格でした。

女優でありながらファッション界へ影響を与え続け、ジャン・ポール・ゴルティエ、マーク・ジェイコブスをはじめとする気鋭のデザイナーたちとも親交が厚く、多くのショーのフロントローにはつねにドヌーヴの姿があります。

秘密の私生活

カトリーヌ・ドヌーヴは一九四三年十月二十二日、四人姉妹の三女としてパリに生まれました。以後パリを離れることなく人生を送っています。

「人生最大の痛み」は、ひとつ上の姉、女優として活躍していたフランソワーズ・ドルレアックが二十五歳という若さで亡くなったこと。これはドヌーヴの人生に暗く重い影を落としています。

「人生で最良の日」は、子どもが産まれた日。

子どもはふたり。未婚での出産でした。十九歳のときに息子クリスチャン（父親は映画監督のロジェ・ヴァディム）を、二十八歳のときに娘キアラ（父親はイタリアの名優マルチェロ・マストロヤンニ）を産んでいます。

息子、娘とも俳優として活動、娘キアラ・マストロヤンニとは映画でも何度か共演しています。

現在は五人の孫がいて、子どもたちや孫たちと過ごす時間が大好きだと語っています。

結婚は一度きりです。二十一歳のときにモード写真家のデヴィッド・ベイリーと結婚、二十八歳で離婚。ドヌーヴの言葉として有名な「離婚があるなら結婚に何の意味があるの?」の通り再婚はしていません。

恋愛遍歴は絢爛豪華《けんらんごうか》。公《おおやけ》になっている相手としては、映画監督のロジェ・ヴァディム、映画監督のフランソワ・トリュフォー、イタリアの名優マルチェロ・マストロヤンニが有名です。みな、一流の男たちで、そして別れはいつもドヌーヴから。そしてドヌーヴは愛し合った男たちとの間に別れたあとも友情を残しています。

そのときどきの相手は公にされないので詳細を知ることはできませんが、恋多き女性であることはたしかなようで、五十歳くらいのときにも「恋愛を中心に人生を作る準備はいつでもできているわ」と言っています。

未婚の母として、女優として、葛藤《かっとう》の多い人生を振り返ってこう言います。「女優、母親、女性。この三役を完璧にこなしてきたなんて言えないわ」。

「小さな嘘も優しい嘘もない、私にとって嘘は嘘」と言い切る、嘘が嫌いなドヌーヴらしい正直な言葉。

この正直さはほかの事柄に対しても同様。たとえば「年齢も美しさの一部である」という文化が根付いているフランスでは、年齢を重ねた経験豊富な魅力的な女性として、カトリーヌ・ドヌーヴは最強のロール・モデルとなっています。

けれど本人は「もっとも美しい歳はいま、だなんて言わない。老化を楽しむだなんて私には無理」と言います。だってほんとうなんだもの、悪い？　という潔《いさぎよ》さ。

ドヌーヴは本人も認めるように、とくに娘キアラを産んだあたりから、私生活については徹底した秘密主義を貫《つらぬ》いています。インタビューであらかじめ、私生活に対する質問はしないという条件が出され、インタビュアーがそこを越えてくると、冷酷《れいこく》に「ノーコメント」を貫《つらぬ》きます。彼女の辞書に「媚《こ》びる」という単語はありません。

「ドヌーヴ精神」

「規律、それは私のためにある言葉ではない」
「私は社会規範の偽善《ぎぜん》を拒絶する。社会秩序を受け入れたことは一度もない、って言える。とくに私生活では」

これらもドヌーヴをよく表している言葉でしょう。

個人を尊重するフランスの女性らしい特徴でもありますが、ドヌーヴは徹底した個人主義者です。

二〇一八年、アメリカから始まった#me《ミー》 too《トゥー》運動に対するフランス知識人たちの「意見書」。それにカトリーヌ・ドヌーヴが署名していたことで、一躍世界的なニュースとなり、物議を醸《かも》し、大論争に発展しました。一連の騒ぎのなか、ドヌーヴは単独で書簡《しょかん》を発表。本書の最後にその抜粋《ばっすい》を掲載しましたが、そこには彼女の生き方、思想、率直《そっちょく》さがくっきりと表れています。

何より群れることが嫌い。集団狂気（マスヒステリア）はもっと嫌い。私は私。あなたたちと一緒にしないで。私は私だけの意見を発表するわ。それに対しては何と言われてもいい、という信条。

二〇一九年秋冬パリコレでドヌーヴにオマージュを捧げた「サンローラン」のデザイナー、アンソニー・ヴァカレロは「ドヌーヴ精神」という言葉を使っています。彼によれば「ドヌーヴ精神」、それは「洗練され、ルールにとらわれないもの」。

ここに「ドヌーヴ精神」に彩《いろど》られた言葉を集めました。

若き日の輝くような美しさ。けれど美しいと言われることへの絶望。美と老化を「時間との闘《たたか》い」と言い切る潔《いさぎよ》さ。

「母」であることと「女優」であることとの葛藤《かっとう》。倦怠《けんたい》や馴《な》れ合《あ》いが生じたら恋愛関係に自《みずか》ら終止符をうつ強き女性。多くの映画監督が認める、仕事に対する徹底したプロ意識。年齢を重ねるごとにイノセントになってゆく女性。

是枝《これえだ》監督が、「なぜだろう不思議だ、彼女の一挙手一投足《いっきょしゅいっとうそく》から目が離せなくなってゆく、ファンになってゆく」と言った、そんなドヌーヴの魅力を伝えることができたなら、とても嬉しいです。

『カトリーヌ・ドヌーヴの言葉』

CONTENTS

CHAPTER I

Beauty

美――センス

美しさは特権なんかではない。
むしろその逆の場合もありうるのよ。

CHAPTER Ⅱ

Life

人生——生き方

「したいこと」と「していること」の調和が何よりたいせつ。

CHAPTER III

Love

愛──自由恋愛

出逢いがあったとき、
恋愛を中心に人生を作る準備は
いつでもできているわ。

CHAPTER IV

Career

仕事──女優として

難しい仕事だと思った。
だからこそやりたかった。

CHAPTER V

Spirit

ドヌーヴ精神

私は、自分の欲望に
抵抗することが苦手なのよ。

CHAPTER
I

Beauty

美──センス

美しさは特権なんかではない。
むしろその逆の場合も
ありうるのよ。

美しさは、
とても危険なことよ。

B eauty

外見でひとを判断しない

「世界一美しい女性」の代名詞的な存在であり続ける女優カトリーヌ・ドヌーヴ。衰《おとろ》えを知らないようなその美貌《びぼう》は、つねに世界中から賞賛されていましたが、彼女はそれについて、クールな眼差《まなざ》しをもち続けていたひとでした。

「たしかに美しさは人生の扉を開けてくれるかもしれない。多くのひとが微笑《ほほえ》みかけてくれるけれど、それはそのひとの中身ではなく外見だけに微笑んでいるだけのこと。それをわかった上で行動しないと危険だと思うわ」

外見の美貌を褒《ほ》められて嬉しくないひとは少ないでしょう。けれど、そこには危険がある、と彼女は言っているのです。これは自分自身、そしてほかの若い女性たちへの警句《けいく》でもあります。

美貌はときに役に立つけれど、それ以上にたいせつなのは、そのひとの内面、内容なのだということ。勘違《かんちが》いしてはいけない。

彼女の母親も舞台女優で美しいひとでしたが、誰かが「やっぱり見た目が重要」と言ったりすると、あとで娘に「それは違う」と言い聞かせました。

「母は外見でひとを判断することに批判的だった。そういう教育を受けてきたの」

「美しいですね、
でもそれだけ」
と言われている気が
ずっとしていた。

D
istress

「美しいけれど退屈な女性」

これは四十歳ころの言葉ですが、ほかの時期にも似たことを繰り返し、「美しいけれど退屈な女性」と「知的だけれど醜《みにく》い女性」という二つのカテゴリーしかもたない男性が多い、と嘆いてもいます。

とくに二十代から三十代の前半にかけて、美貌の頂点にあったときは、容姿だけで判断されることに対して絶望的な欲求不満のなかにいました。

「美しさは特権なんかではない。むしろその逆の場合もありうるのよ」

外見だけで完結してしまって、内面に目を向けてもらえない苦しみもある。

これを「贅沢《ぜいたく》な悩み」で片付けてしまうのはあまりにも怠慢《たいまん》でしょう。「美しい美しい」と言われ続けて、でもその言葉を「内容がない、退屈だ」と同義に受け取ってきたとしたら、それは苦痛以外のなにものでもない。

もちろん美しくて知的。これが最高ですが、もしどちらかしか選べないとすれば、年齢とともに衰《おとろ》える外見ではなく「才能豊かで魅力的」と内面を褒《ほ》められるほうを彼女は選びたいと思っていたのです。

ブロンドにしたのは、
自分がより魅力的に
見えると思ったから。

B
londe

ブロンド好きの恋人

ブロンドの髪のイメージしかありませんが、もともとはブルネット。ブロンドにしたのは十八歳、最初の運命の男ロジェ・ヴァディムのためでした。彼のブロンド好みを知っていたからです。後年には笑って言っています。

「愛する男にとって、より魅力的になりたいと思ったのね。とても愚《おろ》かなことかもしれないけれど、それが若さであり恋するってことでしょ」

ヴァディムがブロンド好きで彼が説得したとも言われていますが、事実は違います。

「私の決断。試してみたかったし、実際、気に入ったの。いまでもブロンドのほうがしっくりくるの」。

ドヌーヴといえば豊かなブロンド。それは強烈《きょうれつ》なイメージとして人々に刻印されました。だから四十代後半、映画『インドシナ』の役のためにショートにしたときには大きな話題となりました。

「ショートヘアは未経験だったから興味があったの。みんなが大騒ぎしていることに驚いたわ。だって、まるで私がローマ教皇と結婚したかのようだったのよ」

強い髪を
もたない女性は
魅力的ではない。

H
iar

「強い髪」をもつということ

五十八歳のとき「ロレアル パリ」のCMに起用されます。

「フランスの美しさと優雅さの象徴」であり、美しい髪をもつドヌーヴは最高のイメージ・キャラクターでした。

「私は強い髪をもっているから、ロレアルからオファーがあったとき、ようやく、と言ったの。フェイスクリームのCMに出演するかどうかなら迷うけれど、髪については嘘をつく必要がないから即答したわ」

それはエイジングケア用のラインで、年齢を重ねた女性をターゲットとしていましたが、そのことに関してもまったく抵抗はありませんでした。

「私も年齢を重ねた女性のひとり。私の年齢でそういうCMを作ることは意義のあることだと思ったの」

歴史的に見ても、強い髪は神話などで生命力の象徴とされてきました。それも意識してドヌーヴは強い髪にこだわり、「強い髪と年齢は関係ない」とも言います。

「若い女性でも強い髪をもたないひとには、弱さや不健康さを見てしまうの」

私が彼の服を
愛する理由は、
着る女性の人格を
引き出してくれるから。

F
riend

親友サンローランについて

ドヌーヴのファッションを語るとき外せないのが、イヴ・サンローラン。一九六七年、ドヌーヴ二十三歳。『昼顔』でサンローランが衣装を担当し、映画の大ヒットもあって、ドヌーヴとサンローランのペアが世界中に知られました。この映画での彼女のファッションはいまや伝説的です。ミリタリーコート、黒いエナメルのコート、白い襟《えり》と白いカフスのブラックドレス……。同性愛者であるサンローランとの友情は、彼が亡くなるまで四十年以上続きました。これほど長期にわたる女優とデザイナーの友情は、オードリー・ヘップバーンとジバンシーくらい。稀有《けう》なことです。

サンローランの引退コレクションのラスト、ドヌーヴがランウェイに登場し、歌を捧げます。シャンソン歌手バルバラの「私のもっとも美しい恋物語」を歌っているところにサンローランがランウェイに姿をあらわして、ふたりは頬《ほお》にキスをかわし、手をぎゅっとつないで、めずらしくドヌーヴが涙を見せる。年齢をともに重ねたふたりのあいだに流れる親密な色彩、感動的です。

「私が彼の服を愛する理由は、着る女性の人格を引き出してくれるから。彼は着る人がどんな女性なのか探究してドレスを作るの」

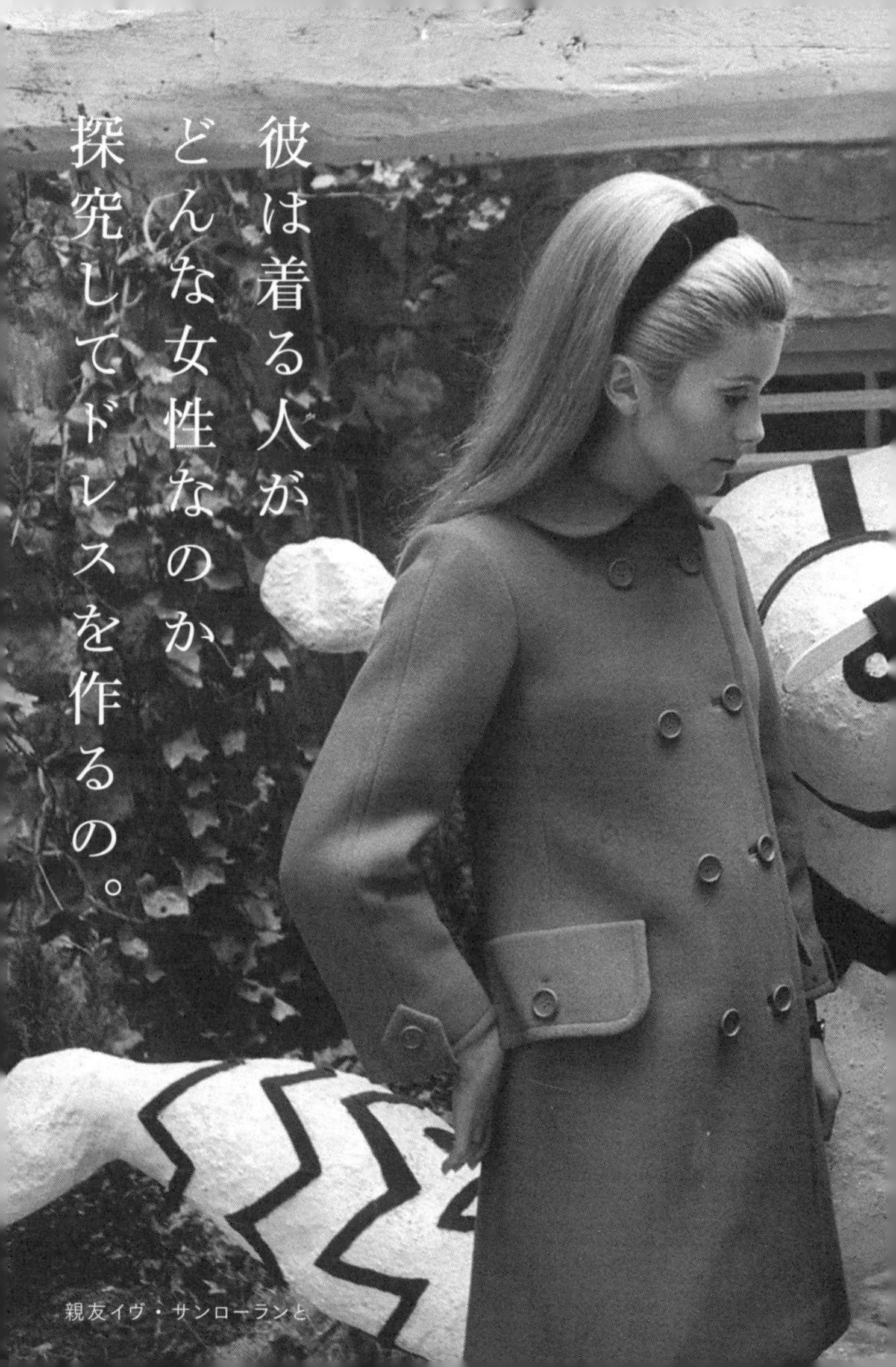
彼は着る人が
どんな女性なのか
探究してドレスを作るの。

親友イヴ・サンローランと

人生を考えたとき
靴はそれほど重要では
ないかもしれないわね。
でもファッションとしては
とても重要よ。

H
igh heels

「靴は一日に三回替えるのが好き」

「靴は一日に三回替えるのが好き」と言うほどドヌーヴの靴好きは有名です。彼女の若き日の代表作『昼顔』で履《は》いた「ロジェ・ヴィヴィエ」の名作「ベル・ヴィヴィエ」はサンローランの衣装とあわせて大ブームになりました。のちにジャクリーン・ケネディやシンプソン夫人も愛用したことで知られています。また、年齢を重ねるとローヒールを選ぶ女性が多いなか六十を越えても彼女はハイヒールにこだわります。

六十一歳。審査員長を務めたヴェネチア映画祭、ハードな日程の最終日の授賞式。「疲れていたし、とても緊張することがわかっていたから、ジャン・ポール・ゴルティエにオーダーしていたシンプルな服と素敵なヒールの靴を履いたの」「そのとき」何を着るか。何を履くか。最高のファッションは最高のパフォーマンスを引き出すことを知っているひとの言葉です。

「靴はたくさんもっているわ。ファッションは服だけでなく服とバランスのとれた靴がなければだめ。ヒールの高さ、形、色、すべてが重要」

六十代前半のインタビューでは、愛用のシューズ・ブランドとして「ロジェ・ヴィヴィエ」と「マノロ・ブラニク」の名を挙げています。

最初の美的洗礼は、
ルール・ブルー。

Perfume

ゲランの女

ドヌーヴは香水への強いこだわりをもつことで知られています。「シャネル」No.5の初代ミューズとして有名ですが、ほかにも多くの香水が彼女の人生を彩《いろど》ってきました。

たとえば「ゲラン」のナエマはドヌーヴに捧げられた香水。ナエマとは「千夜一夜物語」に出てくる双子の王女、そのひとりの名前で「魅力に満ちたオリエンタルローズの女神が織りなす謎めいた秘薬」。

ドヌーヴ自身が愛用しているのは同じく「ゲラン」のルール・ブルー。夕刻から夜に変わる「ルール・ブルー（蒼《あお》の時）」を愛したジャック・ゲランが、その瞬間を表現した香水です。

「最初の美的洗礼は、この香水。私はゲランの女ね。サンローランに忠実ではあるけれど」

別荘で田舎生活を満喫しているときにも香水は欠かしません。

ココ・シャネルは「香水で仕上げをしない女に未来はない」というポール・ヴァレリーの言葉を愛しましたが、ドヌーヴも同じようです。

香水は、
ほんとうに
私の一部。

C
uriosity

新しいものが知りたい

六十代後半くらいからは、演じる役柄に合わせて香水を選び、撮影中はその香りを身にまとうようになりました。

「撮影が終わっても、その香水をまとうたびに記憶が呼び覚まされる、その感覚が好き」

また、年齢を重ねても探究心が旺盛《おうせい》な彼女は老舗《しにせ》ブランドに固執《こしつ》しません。

たとえば一九六二年生まれのフレデリック・マルが立ち上げたブランド。自らを「香りの編集者」とし、香りのタイトルや調香師《ちょうこうし》の名前を記した書籍のようなパッケージがユニークなこのブランドの香水を愛用しています。インタビュアーがまだつけたことがない、と言うと「彼のお店にぜひ行ってみて」と勧めるほど。

また、一九六九年生まれのフランシス・クルジャンの香水もお気に入りで「彼は私にとって特別。彼の調香師としてのセンスはすばらしい」と絶賛《ぜっさん》しています。

新しいものに対する感度の高さ。その根底にある強い好奇心、探究心。これは香水にかぎらず、あらゆる事柄に反映されている彼女の美徳です。

日焼けに注意して、
たくさんの水を飲んで、
よく眠ること。

Sleep

美しくあるための三つの約束

ドヌーヴの母親は元舞台女優ということもあり、肌の手入れについての知識が豊富で、少女時代から娘たちにアドバイスをしていました。

「母は美しさに関する重要なヒントを二つくれたわ。日光は肌にあまりよくないから注意すること。水をたくさん飲むこと」

六十八歳のときドヌーヴの母親は百歳をむかえました。

「母はひとりでパリに住んでいるけれど、家は近くよ。充分に独立していてとても元気。頭も明晰《めいせき》でブリッジをしても勝っているわ。私は母と同じライフスタイルじゃないから百歳まで生きるかはあやしいけれど、母の遺伝子を受け継いでいるって自分に言い聞かせているの」

また「よく眠ること」については次のように言っています。

「美しさのためにはもちろん、エネルギーを保つために、眠る時間を確保することが重要。撮影中はセット裏の小部屋でも椅子《いす》でも眠れるの」

見せなくても
言葉で色香を
醸《かも》し出す
ことができる。

S
ensuality

見せない色香

一九七〇年代「シャネル」は初のミューズとしてカトリーヌ・ドヌーヴを起用。ドヌーヴは二十代後半から三十代後半にかけて「シャネル」の顔になります。香水No.5のCMは彼女の独白《どくはく》というスタイル。ブラックドレス、豊かなブロンド。途中、足を動かしたときに見える黒いストッキングの片膝《かたひざ》がどきりとするほど印象的。リラックスした空気感のなか囁《ささや》くように観ている者に話しかけるこのCMは世界中を魅了し、「ミステリアス・ビューティ」「世界でもっともエレガントな女性」と賞賛《しょうさん》されました。このCMについての六十代半ばころの言葉。

「ユーチューブで大ヒットしていると聞いて、三十年前のCMをあらためて観たの。私は黒いドレスを着ていて、恋人について話している。見せなくても言葉で色香を醸し出すことができるということね。そういう映像だと思った。現代は逆。すべてを見せて、そして何も言わない、そんな時代だから」

映画でその必要があるときはそうするけれど、基本的にヌードは好きではない。理由はシンプル。「エロティックだと思わないの」。

三十五歳をすぎると、
いわゆる美貌《びぼう》は衰《おとろ》える。
それからは、そのひとの内面、
人間性が美しさの鍵になる。
私は尊厳をもって
歳をとりたいわ。

K
ey

三十五歳からの「美しさ」の鍵

六十歳を目前にした言葉です。どんな生き方をしてきたか、何を学んだか、ということが「美しいひと」に欠かせなくなる、ということ。

ドヌーヴが魅力的だと思うのは「すべてを見せないひと、そのひとの表情の奥にあるもの、言葉の奥にあるものを、自分も知りたい、経験したいと思わせるようなひと」。

これはフランスの哲人でありアーティストのセルジュ・ルタンスの言葉に通じます。彼は「官能的な女性とは？」という問いに対して次のように答えています。

「注意深い無関心、目立たぬ好奇心、見せびらかしでない図々しさ。これらが完璧に調合されたもの」

ドヌーヴにとっての魅力的な女性、そしてドヌーヴ自身の姿にも重なるように思います。

ダイエットは
必要なのだろうけど、
いつもカロリーを計算して
毎日エクササイズする
なんてこと、好きじゃないの。

E
xercise

好きなものを食べ、飲みたい

「現在の年齢は受け入れるわ。必ずしもベストである必要はないもの」。六十歳を目前にした言葉です。とはいえ、彼女にも悩みがあります。

加齢とともに太る体質らしく、減量しなくてはと思っているし、トライした時期もあるけれど、好きなものを食べたいし飲みたい。結局、その欲求のほうを優先させています。

「体型維持は困難ね。でも、私は一日の終わりのすばらしい食事とブルゴーニュ・ワインが大好きなの。ダイエットは必要なのだろうけど、いつもカロリーを計算して毎日エクササイズするなんてこと、好きじゃないのよ」

自分にとっての優先順位、人生に求めるものは何か、ということ。ドヌーヴはとにかく人生を満喫したいのです。楽しみたいのです。

ダイエットに関する言葉には、ドヌーヴのそんな享楽《きょうらく》的な一面が表れています。

もっとも美しい歳はいま、
だなんて言わない。

Aging

加齢への覚悟

年齢を重ねるということについて、うんざりするほどの質問を受けてきているドヌーヴ。これは五十歳のときの言葉です。

「歳を重ねることを楽しむと言う女性は、嘘つきだと思う。もしかしたら彼女たちは無意識に自分自身に嘘をついてるのかもしれないわね」

女優という職業のこともあるけれど、それだけではない。さまざまな場面で体力の衰《おとろ》え、容姿の衰えを感じるわけですから「歳を重ねること、老化を楽しむなんて私には無理」と言います。

同じころ、映画『インドシナ』のPRで来日した際、テレビ番組「徹子の部屋」に出演。黒柳徹子から「美しいって言われ続けることってどうなんですか？」と問われて次のように答えています。

「重荷に感じるわ。私にとっては時間が敵。幸いにも美しいだけではないものもあるわけだけど。時間との戦い、チャレンジね」

あまりにも正直で率直。きれいごとも嘘もなく、彼女の加齢に対する覚悟が見える。爽快《そうかい》です。

私の美の秘訣《ひけつ》？
あえて言うなら、
好きなものに対して
忠実であることかしら。

B
areskin

目より唇より「眉」

美しくあることが好きならば、それに対して忠実でなければ、という姿勢。ドヌーヴの美への追求は徹底しています。

化粧品の科学的論文を読むのが好きで、プロダクトの成分表を必ずチェックし、低刺激、天然成分にこだわります。

月に一度「フランソワーズ・モリス」に通ってフェイシャルエステを受け、コスメも愛用。メイクについては「目よりも唇よりも、とにかく眉《まゆ》が重要」という意見ですが、基本的には「歳を重ねるほど、メイクは薄いほうがきれいなのよ」。

だからこそ、年齢を重ねるほどに、素肌の美しさが重要になってくるのです。

七十歳を過ぎたドヌーヴに会ったインタビュアーは書いています。「すぐ近くでも彼女の肌の質感は驚異的」。

「それ、私知らないわ。おもしろいわね。教えて」

I
nnocent

イノセントであること

世界中のセレヴリティたちから絶大な支持を集めるカリスマ美容家として知られる早野實希子《はやのみきこ》さんは、その著書のなかで「美しさやエレガントさ、包容力、知性、アヴァンギャルドさと慈悲の心を持ちあわせるセンスあふれる女性」としてまっさきに思い浮かぶのはカトリーヌ・ドヌーヴ、と書いています。

じっさいに彼女の肌にふれ施術《せじゅつ》をしているひとの言葉は貴重です。早野さんは言います。クールでエレガントな大女優は、けれど実際に会うと「気さくさもお持ちでそのギャップに驚かされ、魅了される」。そして彼女には「熟成《じゅくせい》された美しさ」がある。

早野さんによれば、ドヌーヴがたいせつにしていることは「イノセントであること」。うなずけます。年齢を重ねても精神が硬直《こうちょく》化することなく、それどころか年齢を重ねるごとにいよいよ好奇心旺盛《おうせい》になり、なんのてらいもなく、まるで子どものように「それ、私知らないわ。おもしろいわね。教えて」と目を輝かせる、こんなところもドヌーヴの美しさに通ずるのだと思います。

話すことを拒否することで、
話したくないという意志を
主張しているのよ。

R
egection

話したくないという意志

「美容整形の手術を受けたことがあるか、ですって？」

美しさゆえ、つねにこの種類の疑問はドヌーヴをとりまいています。注射にしても、ほかの施術《せじゅつ》にしても、自分がしているかしていないかについて、答えはいつも同じ。

「それはとても個人的なことよ。ノーコメント」

「もし私が何もしていないって言ったなら、こんな新聞の見出しが浮かぶわ。――彼女は真実を語っていない」

美容整形していないと言えば、それが話題になり、していると言ってもそれが話題になる。そもそもドヌーヴにとって、美容整形に限らず、無遠慮《ぶえんりょ》な、デリケートさに欠けた問い自体が美しくない行為。

ひとは問いを投げかけられて、それに答えたくないとき、つい、ごめんなさい、という気持ちをいだいてしまいがちですが、ドヌーヴは違います。

「私はそれについて話すことを拒否することで、それについて話したくないという意志を主張しているのよ」

私が恐れているのは
歳を重ねることではないわ。
エネルギーを失うことよ。

E
nergy

歳を重ねるということ

六十二歳の言葉です。

「年齢を重ねる上で問題なのは、外見の変化よりも物事《ものごと》に対するエネルギーが失われてしまうことだと私は思うわ。だから私が恐れているのは、何よりエネルギーを失うことなの」

だから行動し続ける。活動の停止は、ドヌーヴにとって「小さな死」と同義語。

「それは私の血を凍らせる」とまで言っています。

「歳をとるという、どうしようもないことに対して恐れをいだくこと、それこそが恐ろしいこと。もちろん年齢を重ねたことを楽しく思えない瞬間だってあるけれど」

また、若さがもてはやされるアメリカと比較して、こんなふうにも言っています。

「とはいえ、私はフランス人だから、若々しくいることのプレッシャーがあるアメリカよりも、はるかに気楽ね」

「年齢も美しさの一部である」という文化が根付いているフランスでは、年齢を重ねた経験豊富な魅力的な女性として、カトリーヌ・ドヌーヴは最強のロール・モデルとなっています。

自由がほんとうに
楽しめるのは、
ある程度以上の年齢に
なってからだと
実感しているわ。

Freedom

無理をしない「美」とは

六十七歳のときの言葉です。

「歳をとるって良い面もあるの。私の場合は以前から気ままにしていたいほうだったけれど、時の経過に従って、社会通念にますます拘束《こうそく》されなくなったわ。自由がほんとうに楽しめるのは、ある程度以上の年齢になってからだと実感しているわ」

若いころには奇跡的な美貌《びぼう》を讃《たた》えられ、四十代から五十代にかけては美貌の維持は「時間との戦い」とし、しだいに変化して、七十代をむかえようとするころには「もう歳を重ねることとの恐怖はないわ」。

できるかぎり美しくいようとする努力はするけれど、人生をつまらなくするような無理はしない。人生を楽しむ。自由を楽しむ。

存在感がありながらもどこかユーモラス、シワが刻まれているのに、あの輝くような美しさと色気。

カトリーヌ・ドヌーヴの美しさの核は、「美に忠実である」ということと「でも無理はしない、人生を楽しむ」、この絶妙なバランスのなかに存在するようです。

CHAPTER
II

Life

人生——生き方

「したいこと」と「していること」の調和が何よりたいせつ。

生き残るために
必要なのは、
自己防衛と、
居場所の確保。

P
lace

内向的な少女時代

一九四三年十月二十二日、カトリーヌ・ドヌーヴは四人姉妹の三女としてパリに生まれました。本名はカトリーヌ・ドルレアック。両親とも俳優業、母親は出産を機に引退しています。長女は母親が前夫との間に産んだ娘。

ドヌーヴがつねに意識していたのは次女フランソワーズ。一年半しか違わないこの姉ばかりを父親は可愛がり、ドヌーヴは寂しい少女時代を送りました。

真逆な性格のふたり。フランソワーズは活発で情熱を外にあらわすタイプ。それに対してドヌーヴは内向的、自分の殻《から》に閉じこもるようなところがありました。「それでも仲は良かったから姉妹喧嘩をよくしたわ。ぶったり罵《のの》り合ったりね」。

「大家族だったから本能的なバランス感覚を身につけたのね。ジャングルの動物みたいに。つまり、生き残るためには自己防衛する方法を見つけること。そして自分の居場所の確保が必要だということを学んだわ」

そのとき私は
自分を変えなければ
ならないと決意したの。

C
hange

自分を変える決意

姉フランソワーズはすでに十歳のころから舞台に立ち、妹のシルビーも女優を志望していました。ドヌーヴは最初から女優になりたい、という熱意があったわけではありません。映画の世界に入ったのは、すでに女優として活動をしていた姉からの誘いがきっかけでした。

姉がドルレアックという姓を使っていたので、ドヌーヴは母親の旧姓を選び、カトリーヌ・ドヌーヴという芸名にしました。

映画の世界に入った理由については「なりゆきで」と言ったりもしますが、ほかにもこんな言葉があります。

「私は生まれつき内向的で、恥ずかしがり屋だったの。でもあるとき、その羞恥心《しゅうちしん》は、実は傲慢《ごうまん》な心の裏返しにすぎないと気づいて、そのとき自分を変えなければならないと決意したの。傲慢さって、大きな欠点だと思うのよ」

人生は不公平。
残酷《ざんこく》だけど、
事実なのよ。

S
ister

姉妹の複雑な想い

姉フランソワーズ・ドルレアックは、その美貌と才能で、妹であるドヌーヴよりもひと足早く注目を集めていました。幼いころから、女優として成功してみせる、という野心があり、努力をし続けてきたひとです。

ところが一九六四年五月のカンヌ国際映画祭。ドヌーヴ二十歳。フランソワーズ主演の『柔らかい肌』とドヌーヴの『シェルブールの雨傘』が同時にノミネートされ、『シェルブールの雨傘』がグランプリを受賞、『柔らかい肌』は酷《こく》評《ひょう》を浴びたのです。フランソワーズの落ちこみは激しく、ドヌーヴも受賞を喜べませんでした。「あれは残酷だったわ」。

女優として努力している自分よりも、女優を続けるかどうかもわからないでいる妹のほうが大絶賛《だいぜっさん》されている。「姉のなかで不当だという気持ちはあったでしょう。でも、人生は不公平。残酷だけど、事実なのよ」。

充分に美しく魅力的なフランソワーズですが、以前から妹の美しさに劣等感《れっとうかん》をいだいていたこともあり、姉妹は複雑な想いをそれぞれにかかえていました。

真逆な性格の
双子のような姉妹。
姉はオープン、
私は隠したがる。

O pposite

世界でもっとも美しい姉妹

姉フランソワーズ・ドルレアックと妹カトリーヌ・ドヌーヴ。「世界でもっとも美しい姉妹」と讃《たた》えられ、何をしてもふたりは比較されました。

フランソワーズを苦しめたカンヌ国際映画祭から三年後、ドヌーヴ二十三歳。『ロシュフォールの恋人たち』が公開されます。ミュージカル映画史上最高傑作と言われる映画でふたりは双子の姉妹として共演。映画の撮影中はずっと一緒で「子ども時代にもどったような楽しいひととき」をもちます。

姉妹は驚くほどに性格が異なっていました。「姉はオープン、私は隠したがる。姉は過激な状況を好んだけれど、私はしずかな調和を求めていた」。

喧嘩《けんか》もするけれど何でも言い合える姉妹でもあり、たとえばお互いの恋人が気に入らなければ、はっきりとそれを伝えたりもしていました。それでもいざというときには頼りになる存在で、スキャンダラスなヒロインを演じた『昼顔』撮影中にもドヌーヴは姉に助けられていました。

「この映画で私は神経衰弱《しんけいすいじゃく》になるほどだったけれど、姉はあなたならできる、って私を励まし支えてくれたの。心強かったわ」

姉を喪《うしな》ったことは
人生最大の痛み。

S
adness

突然の別れ

『ロシュフォールの恋人たち』の公開は一九六七年三月八日。続けて五月二十四日に公開された『昼顔』の大ヒットでドヌーヴは世界的な大スターとなります。

そのおよそ一ヶ月後の六月二十六日。自動車事故でフランソワーズが亡くなります。二十五歳でした。南仏《なんふつ》サントロペでバカンス中のドヌーヴを訪ねた帰り道。自ら運転する車でニース空港に向かう途中でした。

フランソワーズは日頃から将来について、女優としての仕事も含めて悲観的でした。歳をとることが考えられない、老いて生きることは嫌、とも言っていました。仕事や私生活で失敗や失望を味わうとその落ちこみは激しく、このときも問題を抱えていたのかもしれません。単純な事故だったのかもしれません。けれど、あのとき、ひとりで帰さなかったら。私が女優として成功していなかったなら……。「私のせいじゃない、そう言い聞かせつつも自責《じせき》の念《ねん》に苦しみ続けたわ」。

大好きだった姉の突然の死。いまでもドヌーヴにとって「姉を喪ったことは人生最大の痛み」です。

ほんとうに
愛したひとのことを
他人まかせに
したくなかった。

H

omage

ほんとうに愛したひと

五十五歳。ドヌーヴは姉フランソワーズについてのテレビ映画と本を制作します。それまではインタビューでもふれることを禁じ、かたくなに口を閉ざしてきたドヌーヴ。姉について話せるようになるまで、三十年もの月日を必要としたのです。

「フランソワーズにオマージュを捧げることは私じゃなくてもいい、って信じていたかったのね。つらかったから。でも時間の経過とともに、それは違う、私がしなければならないと思うようになったの。誰かに資料を渡して作ってもらっても、満足するものはできない。私はほんとうに愛したひとのことを他人まかせにしたくなかった。いまなら、彼女を愛したひとたちの胸をうつような、それでいて感傷的になりすぎない作品を作れると思ったのよ」

ほんとうに愛したひとのことを他人まかせにしたくない。

熱く胸に刺さる言葉です。

沈黙で悲しみは
乗り越えられない。

L
ose

大切なひとの死を受け入れる

「当時は完全な麻痺《まひ》状態だった。事故の翌日、私は映画の撮影に出かけたのよ。絶望的な喪失感《そうしつかん》のなか、大量の精神安定剤を飲んで仕事に埋没《まいぼつ》していたわ。起き上がって撮影に出かけるという状況を強制的に自分に課さないとどこまでも落ちてゆきそうだったから。それが正しかったかどうかはわからない。でもあのときは自分がつぶれないためにそうするしかなかった。姉の死後、何年もの間、私にとって唯一の課題は、生き続けることを学ぶことだったのよ」

悲劇から三十年が経ち、沈黙を破り、姉フランソワーズの映像作品を作り、本を出版したことで、姉の死を、真の意味で受け入れることができたのです。

「ようやく話せるようになったことが嬉しいし、これまで以上に彼女に会いたいと思うの。いまはわかる。沈黙で悲しみは乗り越えられないのね」

それでも、とくに姉妹で女優をしているひとたちの姿を見ると、言いようのない悲しさに襲《おそ》われると言います。

「姉は何があっても自分を愛してくれる存在だったから、友人や恋人たちは姉の代わりにはならないのよ」

姉は何があっても
自分を愛してくれる
存在だったから
友人や恋人たちは
姉の代わりには
ならないのよ。

世界一美しい姉妹　ドヌーヴ（左）と姉フランソワーズ・ドルレアック（右）

KENT

人生で最良の日。
それは私の子どもが
生まれた日。

B
irth

未婚の母

ドヌーヴにはふたりの子どもがいます。十九歳で産んだ息子クリスチャン・ヴァディム。二十八歳で産んだキアラ・マストロヤンニ。ふたりとも現在俳優として活躍中です。

「私は結婚せずに子どもをふたり産んでいるけれど、六十年代当時はスキャンダラスで、とくに女優にとっては、キャリアに影響するリスキーなことだったわ。それでも私が迷わず産むことを決意したのは、プライヴェートな人生もたいせつにしたかったから」

一九六三年、映画監督ロジェ・ヴァディムと結婚しないまま子どもを産んだことに対しては世間の非難を浴びました。ところが一九七二年、イタリアの俳優マルチェロ・マストロヤンニと結婚しないままキアラを産んだときは「勇気ある行為」と讃《たた》える声が多く、これにドヌーヴは反発しています。

「私は子どもが欲しかったの。自分のためにしたことが、なぜ勇気ある行為なのかわからない。私は自由で、どんな偏見にもとらわれたくない。私は子どもと生活し、そして子どもの犠牲《ぎせい》になりたくないから経済的な独立を考えるだけよ」

女優、母親、女性。
この三役を完璧に
こなしてきたなんて
言えないわ。

H

onesty

女優、母親、女性として

五十六歳、ふたりの子どもたちも成長し、自分の時間がとれるようになったころの言葉です。

難しい役柄、精神的にハードな仕事をしているときは、気持ちの切り替えができずに、ひきずってしまうこともある。けれど、そんなときこそ子どもたちと過ごす時間が、彼女を現実に戻してくれました。

「そういう時間、場所があったからこそ、こういう仕事を続けていても、地に足のついた生活ができていると思うわ」

仕事と家庭、そしてさらに女性としての存在。これらをうまくこなしている、と言うひとたちもけっして少なくはないけれど、ドヌーヴは、それはできなかった、と言います。ここにもまた、彼女の正直さ、嘘を嫌う性質が見えます。

「そのときどきでどうしても優先順位ができてしまうのは、仕方のないことよ」

そのとき、
私の人生の
次なる章が始まった、
と思ったの。

S
tart

人生の第二章の始まり

ドヌーヴは若くして子どもを産んでいるので、子どもたちに手がかからなくなったと感じたのは四十代の前半。あるときふと、時間の経過に気づきました。

「そう、そのとき、私の人生の次なる章が始まった、と思ったの」

やがて成長したふたりの子どもたちが、それぞれに俳優の道を選んだとき、ドヌーヴは内心複雑でした。それでも基本的に「彼らが望むことをすればいい、という考え方が好き」なので、見守っています。

「私は子どもたちが俳優になることを望んでいなかった。四十年以上も俳優業をしていると、彼らがこの先どんな経験をするのかわかってしまうようで。この世界の厳しさ、経験するであろう苦しみから子どもたちを守りたかったのね。でも愚《おろ》かなことよね。彼らには彼ら自身の経験があるのだから」

「いつだって心配よ。でも彼らはよくオーディションに出かけているわ。たとえ選ばれなくても、それをすることで彼らは何かを為《な》しているのよ」

理解ある深い言葉です。このように、子どもたちのことを認め、誇《ほこ》りに思っているからこそ、親子関係は良好なのでしょう。

けっして
あきらめないで。

子どもに送りたい言葉

N

ever

息子クリスチャンは舞台俳優の道に進み、娘は映画女優として活躍しています。キアラ・マストロヤンニ。イタリアの名優であるマルチェロ・マストロヤンニとカトリーヌ・ドヌーヴの娘。まさにサラブレッド。それに負けることのない美しさ聡明《そうめい》さ存在感があります。

母娘共演映画は何本かあり、なかでも『愛のあしあと』では、六十七歳のドヌーヴと三十九歳のキアラが映画のなかでも母娘を演じ話題になりました。「彼女の演技を見て、とても感動したわ」。

ファッションショーなどにも一緒に出席し、母娘が良い関係であることはよくわかります。「娘との関係がうまくいっていることは幸運なことね」。

「キアラは自分が何を望んでいるのかよく知っていて、誰にも彼女の人生に干渉させないの。私にも娘のような強い意志があったらいいのに」

七十四歳。「俳優である子どもたちに送る言葉は?」という質問に対してひとこと。

「けっしてあきらめないで」

「祖母」になることは、
女性であり続けることの
延長線上にあるのね。

G
randmother

非公開の「素敵な名前」

ドヌーヴには現在五人の孫がいます。

最初の孫ができたあたりからインタビューで「祖母としての役割」などについて問われることも多くなってきました。

五十代の中頃は「祖母の役割とか祖母であること、それが何を意味するのかまったくわからない。私にとってはただの言葉にすぎないわ」といった発言が多かったのですが、年齢を重ねるにつれて次第に変化してきています。

「私は子どもも孫も大好き。いまは孫の存在は私の人生でとても重要になっているわ。そうね、たしかに彼らは私をおばあちゃんとは呼ばないわ。でも彼らが私を何て呼んでいるかは秘密。短くて、とても素敵な名前だけど非公開」

「祖母になることは人生のひとつの転機にすぎない。赤ちゃんを抱くと、もう一度母親になったみたいにも感じる。女性であり続けることの延長線上にあるのね」

孫ができることで「女性」が終わるように感じるひともいるなか「女性であり続けることの延長線上にある」とはいかにもドヌーヴらしい言葉です。

自然が育《はぐく》んだ土の匂い、
楚々《そそ》とした
草や花のたたずまい。
生きている喜びがあるわ。

N
ature

田舎で過ごす時間

「子どもや孫、そして友人たちと週末田舎で過ごすのが大好き」

パリの左岸にあるアパルトマンとノルマンディーの別荘での生活。

「パリのアパルトマンはかなり機能的。田舎の家は私の心、私の気持ち、そして私の家族とつながっている、そんな感じがするわ」

ドヌーヴは車の運転が好きなので、パリから一時間ほどの別荘まで自分で運転して行き来します。

彼女のガーデニング好きは有名です。あなたが達成した最大の成果は？　という質問に、映画の仕事ではなく「ワイルドな庭」と答えたりもしていて、これはエスプリだとはいえ、それほどに好きなようです。

「自然に接することは私の人生の一部。雨、風、嵐……眠りにつくときに、木々のカサカサ、という音を聞くととても心が落ち着くの」

きれいな空気、水、ガーデニング、料理、ちょっとした運動。田舎で過ごす時間は、多忙なドヌーブに精神的な安定をもたらしているようです。

「したいこと」と
「していること」の
調和が何よりたいせつ。

C
ontrol

「完璧《かんぺき》でないこと」を受け入れる

五十二歳のときの言葉です。これはもっと年若いときから、現在にいたるまで一貫しているように思います。

「つねに自分が満足できるレベルであるように努めているわ。それは正しいことをしているとかそういう意味ではなくて、自分がこうすべきと思ったら、その直感に従うという意味」

「子どもが成長したとき、私は一種の思春期を取り戻したの。五十歳から六十歳近くで、私は第二の思春期を生きているの」

さらに年齢を重ね、六十代になったときの言葉。

「手放すこと、完璧でないことを受け入れることを学んで、ようやく、すべてをコントロールすることはできない、ということを理解したわ」

すべてをコントロールすることはできないことを理解したとき、ひとはより寛容《かんよう》になり、より優しくなるように思います。年齢を重ねたドヌーヴを見ているとそう思います。

大胆《だいたん》な魂《たましい》に
不可能はない。

Coeur

大胆な魂

六十代半ばの一問一答から。

——大きな夢は？

月に行くこと。夜、月を眺《なが》めるたびに考えるのよ。

——生まれ変わるとしたら何になると思う？

ライムの木。

——どのように死にたい？

睡眠中、あるいは立っているときに。

——あなたのモットーは？

“À cœur vaillant, rien d’ impossible”（大胆な魂には不可能なものはなにもない）

これは中世フランスの貴族であり資本家のジャック・クールの有名な言葉です。coeur《クール》（心、魂）という意味の単語を自分の名と重ねた高慢《こうまん》な名言とも言われたりしますが、自力で莫大《ばくだい》な富を築いた「最初の資本家」の言葉を自分のモットーとして語るところに、人生を果敢《かかん》に強く生きたい、というドヌーヴの声があるように思います。

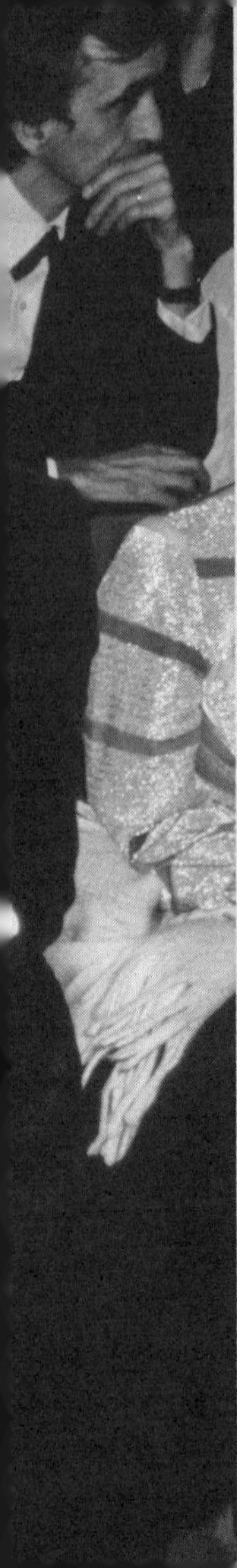

CHAPTER

III

Love

愛——自由恋愛

出逢いがあったとき、恋愛を中心に人生を作る準備はいつでもできているわ。

マルチェロ・マストロヤンニと

離婚があるなら、
結婚に何の
意味があるの？

M
arry

結婚の意味

ドヌーヴの有名な言葉です。彼女自身、二十一歳のときに結婚、二十八歳で離婚。多くの恋愛はしても、結婚は一度きりです。

フランスでは結婚というスタイルを選ばないひとたちが増えてきています。フランス人カップルの場合、法律上の婚姻、同棲（事実婚）、その中間にあたる「PACS《パックス》（準結婚制度）」を選ぶことができます。これは社会保障や税金面で婚姻と同等の権利を得ることができるというもの。一九九九年に成立しました。

ドヌーヴはこの法律が制定される以前から結婚制度そのものに対する疑問を投げかける発言をしてきていました。

六十二歳、あるインタビューで、この言葉に関する真意を問われて、こう答えています。

「それはたしかに私の発言だけど、私の信念として言ったのではなくて、会話の相手に最後に言った言葉なの。結婚しようとしているそのひとが、離婚もありだって言うから、だったら、そもそもなぜ結婚しようと思うの？　みたいな流れで。現在のように誰もが離婚できる状況ではもう意味をなさないわね」

いますぐ
お会いしてもいいわ。

First love

十七歳、はじめての本気の恋

ドヌーヴ十七歳。はじめての本気の恋の相手は、ドン・ファンとして有名な映画監督ロジェ・ヴァディム。十五歳年上。女を創る天才として知られ、ブリジット・バルドー、カトリーヌ・ドヌーヴ、ジェーン・フォンダ、この超有名な女優たちはヴァディムによってその美しさと才能を開花させました。

ブリジット・バルドーを『素直な悪女』でスターにし結婚しますが離婚。その後デンマークの女優アネット・ストロイベルグと結婚。『危険な関係』でアネットをスターにし離婚。ドヌーヴと出逢ったのはこの離婚直後。

出逢いの場はパリのとあるクラブ。ドヌーヴは姉と一緒でした。ヴァディムはドヌーヴに声をかけ、翌日会い、長時間語り明かし帰宅。翌朝目が覚めてすぐにドヌーヴに電話をかけます。「今度はいつお会いできますか?」

恋愛経験がほとんどなかった彼女にとって、はじめての本格的な恋愛。その相手に十七歳のドヌーヴはこう言ったのです。「いますぐお会いしてもいいわ」。

カトリーヌ・ドヌーヴというひとりの女性の大胆さ、秘めたる情熱があらわれた返事でした。

彼の好きな色を
私も好きになったわ。

C
olor

「幼さ」と成熟したプライドをもつ女性

ロジェ・ヴァディムとドヌーヴは激しい恋におち、すぐにドヌーヴは家を出て同棲を始めます。ヴァディムは自分の作品『悪徳の栄え』の主演女優にドヌーヴを起用、けれどこの映画は散々な酷評《こくひょう》を浴びてしまいます。

十八歳のときドヌーヴは髪をブロンドにしています。理由は、ブロンドはヴァディムの好みであり、彼に対してより魅力的になりたかったから。その後のドヌーヴの、自分のことはすべて自分で決めるというスタイルからは想像しにくいのですが、熱愛状態にあったころの彼女は全面的にヴァディムのセンスに従っていました。

「私は彼のアドヴァイス抜きには何もしないの。とくにファッションに関しては。彼が好きな色を私も好きになったわ」

ヴァディムも夢中でした。「彼女に溺《おぼ》れたのは、痛ましいほどの幼さと成熟した女のプライドという両極の魅力があったからだ。彼女は迷路のようだった。うかつには愛せない女だった」。

十七歳にして十五も年上の男に、うかつには愛せない女、と思わせるあたり、ドヌーヴの強烈な個性を見ます。

捨てられるように
しむけて別れる、
そんなやり方
だってあるのよ。

M

an

スキャンダルの多い「男」

ドン・ファンと言われたヴァディムの周囲には、元妻のブリジット・バルドー、そしてデンマークの女優アネットが、それぞれのパートナーがいるにもかかわらずヴァディムと交流をもち続けていました。

ドヌーヴはふたりの元妻たちと何度も会っています。とくに離婚したばかりのアネットはヴァディムとドヌーヴの仲を裂《さ》こうとしていました。ドヌーヴはヴァディムとアネットの幼い娘ナタリーと一緒に暮らしていたので、複雑な想いがあったことでしょう。なにしろまだ十代。

そんなヴァディムに対してスキャンダラスな記事も書かれましたが、ドヌーヴは動じることなく、ヴァディムを擁護《ようご》しました。

「こんなことを言うと嘲笑《ちょうしょう》するひとがいると思うけど、ヴァディムは私が知るなかでもっとも誠実な男性のひとり。彼はいつも女に捨てられる、って言うひともいるけれど、彼のほうから別れたという可能性だってあるでしょう？　相手が自分から離れてゆくように、捨てられるようにしむけて別れる、そんなやり方だってあるのよ」

私は子どもが欲しかった。
まだ十代だったけれど。

C
hild

関係が冷えこむとき

ドヌーヴは若いころから子どもが欲しいと思っていました。ヴァディムとの子を妊娠したのは、彼女が望んでのことです。これを機にふたりは結婚しようとしますが、さまざまなことがうまくゆきません。

ドヌーヴの両親が主張した「婚姻財産契約」がヴァディムにはばかばかしく思われたこと、前妻のアネットが嫉妬《しっと》し、結婚するなら娘をとりあげると言ったこと、それに対するヴァディムの態度。

ドヌーヴは次第にヴァディムに失望し始めます。彼の煮え切らない態度を彼女は許さなかったのです。ヴァディムも言っています。「クールを装《よそお》っていたが、カトリーヌは結婚できなかったことをけっして許してくれなかったと信じている」。

ドヌーヴは未婚のまま、六月に息子クリスチャンを産みました。十九歳。

ヴァディムとの関係は冷えこむばかりで半年後にはヴァディムとともに暮らしたアパルトマンを出ます。三年間の同棲でした。

愛にはふたつの
段階があると思うの。
情熱の段階と、
情愛の段階。

P
assion

情熱の段階、情愛の段階

ドヌーヴとの関係の終焉《しゅうえん》と同時期にヴァディムは女優ジェーン・フォンダと交際を始め、およそ二年後に結婚します。ドヌーヴは傷ついていましたが、公《おおやけ》の場ではヴァディムのことを悪く言ったことはありませんでした。彼女の美意識とプライドでしょう。

ただ、二十代の終わりに、ヴァディムとジェーン・フォンダが結婚したときのことを問われて、めずらしく「とてもつらかった」とこぼしたこともあります。

「でも私はヴァディムと別れてからも仕事の面でいつも彼に相談し、彼は愛情をこめて私にアドヴァイスを与えてくれたわ。愛にはふたつの段階があると思うの。情熱(パシオン)の段階と、情愛(アフェクシオン)の段階」

ドヌーヴはヴァディムと別れてから、幼い息子を抱《かか》えて、『シェルブールの雨傘』をはじめとする名作に出演、スターになります。人々はこんなふうに言いました。

「ブリジット・バルドー、アネット、そしてジェーン・フォンダはヴァディムと結婚したことによってスターになったが、ドヌーヴだけはヴァディムと別れてからスターになった」

彼にプロポーズされたとき、
私にそれを拒む理由が
なかったとしか言えないわ。

Propose

結婚の理由

ロジェ・ヴァディムとの別れ。その苦しみからドヌーヴをすくったのは二十歳で演じた『シェルブールの雨傘』のヒロイン役です。この映画の成功で彼女は大ブレイクしました。

電撃結婚をして世間を驚かせたのはその翌年のこと。二十一歳。相手はイギリスのモード写真家、デヴィッド・ベイリー。ドヌーヴより五歳年上でした。

「私は彼と恋に落ちてしまったの。私たちは二週間もしないうちに結婚したわ」

その手続きはロンドンの登記所に出向くという簡単なものでした。三日前の八月十五日にロジェ・ヴァディムとジェーン・フォンダがラスベガスで結婚式をあげていたので、ふたりに対するドヌーヴの当てつけではないか、などと憶測《おくそく》が飛びました。たしかに結婚の理由として、恋に落ちた、とはいえ、プロポーズを拒む理由がなかったから、とは情熱的な彼女らしくありません。それに、ふたりの結婚とほとんど同時にアメリカの「プレイボーイ」誌にベイリー撮影によるドヌーヴの大胆なヌードが掲載されたことも、基本的にヌードを好まない彼女にしてはめずらしく、やはりヴァディムへの複雑な感情が彼女を駆《か》り立てたのかもしれません。

男も女も互いに
完全な自由をもち続ける
ことができる結婚。
それがほんもの。

F
riendship

元夫との友情

デヴィッド・ベイリーとの結婚生活は七年続きました。正式な離婚は二十八歳のときですが、実質的には早い時期から破綻《はたん》していました。

結婚について当時の彼女はこう言っています。

「結婚することで男も女も互いに完全な自由をもち続け、そのぶつかりあいのなかで愛を持続させ、エスカレートさせてゆく。平和な家庭生活のなかに埋没《まいぼつ》してゆくことが結婚の真《しん》の形だとは思わない。結婚後の夫婦の恋愛も自由であるべき」

この考えは年齢を重ねても、基本的には変わっていません。

別れてからも友情は続き、恋人マルチェロ・マストロヤンニとの間に娘キアラが生まれたときは、元夫ベイリーに母子の写真を撮ってもらっています。

六十九歳のときの言葉。

「私とデヴィッドとの友情は続いているわ。最近もパリで彼に会ったけど、とっても楽しかった」

彼にはとても
ミステリアスな生活があった。
孤独ではないけれど、
とてもミステリアスなの。
私は彼のそんなティストが
好きだった。

M ysterious

特別な映画監督

映画監督のフランソワ・トリュフォーと恋におちたのは二十六歳のとき。トリュフォーは十一歳年上。『暗くなるまでこの恋を』はドヌーヴの魅力を手放しで讃《たた》えた映画です。

ふたりは数年間の同棲ののち別れますが、生涯にわたって信頼し合う親友であり続けました。別れてからおよそ十年後、三十七歳のドヌーヴのためにトリュフォーは『終電車』を撮り、これがみごとな成功をおさめます。

出逢ったころ、トリュフォーが書いたカトリーヌ・ドヌーヴ論から。

「彼女はミステリアスな一種のあいまいさをもたらす女優だ。どんなシチュエーションも、どんなストーリーも、彼女がそこに入りこんできたとたんに、二重の意味をもつことになる」

ドヌーヴも彼のミステリアスな部分に共鳴しています。

インタビューで特別な映画監督の名を問われれば必ずトリュフォーを挙げます。

「私は彼から、たとえそれが苦痛であっても普通でないものを愛することを学んだの。ほんとうに重要な存在だった。女優とは、映画とは、そういったことについて長い議論をしたのよ、そういう関係だった」

恋愛においては、
経験はけっして
役に立たない。

Experience

世界中の女を夢中にさせる男

この言葉はずっとあとになって、マルチェロ・マストロヤンニとの恋を振り返って言った言葉です。

イタリアの名優マルチェロ・マストロヤンニと出逢ったのは、映画『哀しみの終わるとき』。ドヌーヴ二十七歳、マストロヤンニ四十六歳。

「彼女と出逢ったのは、フェイ・ダナウェイとのつらい別れのあとだった。カトリーヌはトリュフォーと別れたばかりだった。たぶん僕らふたりとも新しい興味を必要としていたんだと思う」

「彼は雷《かみなり》のようだった。映画は終わったけれど彼は私の人生にとどまったの」

マストロヤンニには妻と娘がいたけれど奔放《ほんぽう》な恋愛遍歴《へんれき》で知られ「世界中の女を夢中にさせる男」と呼ばれていました。けれどその点に関してはドヌーヴも互角です。

ゴージャスなカップルにマスコミは大騒ぎ。翌年、二十八歳でマストロヤンニとの娘キアラを出産すると「未婚の母」ということで多くのメディアがドヌーヴの選択、生き方をとりあげました。当時はまだ、彼女のような選択をする女性は多くはなかったのです。

習慣や倦怠《けんたい》に
引きずられて関係を
続けてゆくのは
無意味よ。

B
reak up

ふたりの物語の終わり

マストロヤンニとの関係は三年で終わります。

「別れは彼女が決めたことだった」と彼は言っています。実際、ドヌーヴは彼にきっぱりと言いました。

「私たちの物語は終わったの。私にはもう刺激が感じられない。習慣や倦怠に引きずられて関係を続けてゆくのは無意味よ。幕を下ろして、おしまいにしましょう」

ところが彼はドヌーヴに恋したままだったので、深い痛手を負います。

「小さな娘が可愛かったこともある。でも僕はイタリア、キアラはパリ。会えなくなったことが寂しくて、二度ほど、こっそり学校の校門まで娘の姿を見に行ったよ。でも声はかけなかった。動揺させるといけないからね」

多くの美しい女性たちと浮名《うきな》を流してきた彼ですが、晩年に「誰に一番泣かされた?」と問われて「カトリーヌ」と答えています。

ひどい打撃と喪失感《そうしつかん》。
そこから立ち直ることなんて
できないけれど、
そういうこととすべてとともに
私は生きなければ
ならないのよ。

L
OSS

喪失感と生きる

別れてからもマストロヤンニとドヌーヴは、娘キアラの存在もあり、親しくし続けました。

マストロヤンニ七十一歳。死の前年、彼は言っています。

「僕らは世界最高の友達であり続けた」

同じ年、カトリーヌ五十一歳。

「私たちには愛する娘がいて、とても親しくしているわ」

翌年一九九六年十二月十九日、マルチェロ・マストロヤンニは膵臓癌《すいぞうがん》で亡くなります。病気のことは、残りの人生を好きなように生きるため周囲には隠していました。

パリの自宅で彼を看取《みと》ったのはドヌーヴと娘キアラ。

「二十五年もの間、私の人生に存在し続けたひとを喪《うしな》ったの。ひどい打撃と喪失感《そうしつかん》。そこから立ち直ることなんてできないけれど、そういうことすべてとともに私は生きなければならないのよ」

人生における
重要な冒険は、
愛すること、
愛されること。

S
ecret

恋愛については秘密主義

マルチェロ・マストロヤンニ以降、つまり三十歳から現在にいたるまでドヌーヴは私生活、とくに恋愛においては秘密主義を徹底させています。数々の噂《うわさ》はありますが、彼女の口から個人名は出ていません。

そんななかでひとり、自身の回顧録《かいころく》のなかでドヌーヴとの恋愛を綴《つづ》った男性がいます。ピエール・レスキュール。テレビ、映画関係の仕事をしていて、二〇一五年にはカンヌ国際映画祭の会長に就任しています。

ドヌーヴより二歳年下の彼はドヌーヴが四十歳から四十八歳まで一緒に暮らしていました。回顧録で彼女を「ユニークで華麗《かれい》で勇敢《ゆうかん》な女性」と讃《たた》え、こんなエピソードを紹介しています。ふたりが一緒にいるとき、年配の女性ふたりがレスキュールの「ユダヤ風の鼻」について悪口を言っていました。帰り際ドヌーヴは彼女たちのところへ行き静かに言いました。「マダム、鼻はユダヤ風かもしれないけれど、私は彼と一緒にいてとてもここちいいの。そしてあなたたちは最低」。人生における重要な冒険は、愛すること、愛されること。この言葉はレスキュールと別れたあと、四十九歳のときのものです。

恋愛を中心に
人生を作る準備は
いつでもできているわ。

L
ove

愛についての準備

四十七歳のときのインタビューから、愛について語っている部分を紹介します。

――あなたは情熱的？

「ええ。でもつねに情熱的というのは無理よ。とても、とても疲れるもの。情熱ってコントロールできないものだから」

――スイスの作家ドニ・ド・ルージュモンは、ヨーロッパのロマンティック・ラブはつねに死への願望を孕《はら》んでいると言っていますが、それについては？

「同感。情熱はいつだって破滅的よ。苦しんで仕事が手につかなくなって食欲がなくなるのよ」

――あなたの人生における恋愛とは？

「愛はたしかに私の人生の多くを占めていたわ。愛はロマンティックなだけじゃないけれど、それでも私は、出逢いがあったとき、好きなひととの恋愛を中心に人生を作る準備がいつもできている、とは言えるわ」

愛に関しては、
恥ずべきことも
誇りに思うこともない。

Y
outh

若い男性との恋愛

五十代半ばの言葉です。

「愛に関しては恥ずべきことも誇《ほこ》りに思うこともない。愛はとても複雑。強い愛情をもつと攻撃的になって愛するひとを傷つけてしまうかもしれない。でも、同時に、とても寛大になれるかもしれないでしょう?」

若い男性との時間も大好き。

「若い男性との恋愛はまったくタブーだとは思わない。若い男性といると気分がいいもの。娘のキアラも年下の男性と暮らしているわ。そして私も彼が好き。彼とサルサを踊ったりね、とても楽しいの。そんな気分のときは、自分が二十歳、二十五歳くらいに感じるのよ」

愛は恋愛に限らず広範囲にわたる。この考えもずっと変わりません。

「愛だけが、国籍、年齢、社会的地位、さまざまな状況を越えて、あらゆる人々の共通点だと思うわ。子どもに対する愛。人生に対する愛。あとは、恋愛における片思いだったり、失望される恋人になることも含めてね。つまり、誰だって自分自身の人生において、愛あるひとになることができるってこと」

私が男性にもとめるのは、
ユーモアとファンタジー。

H
umor

魅力のない男性とは

ドヌーヴは、好きになる男性の共通点として「けっして深刻にならないという大いなる才能をもっていること」を挙げています。

彼女にとって、見た目は完全に二次的なものに過ぎません。

「肉体的な美がいくらあっても魅力のない男性って多いのよ」

それでは男性の何に魅了されるのかといえば「ユーモアとファンタジー」。

「このふたつは同じじゃないわよ。私が言うファンタジーって、私を驚かせてくれる能力のこと」

ヴァディム、トリュフォー、マストロヤンニ。公《おおやけ》になっている恋人たちだけを眺《なが》めてみても、みなユーモアとファンタジーをもちあわせていました。また彼らについてドヌーヴは「私と別れた男たちは誰も私を恨《うら》んだりしていないわ」と自信をもって言います。

恋愛においては加害者も被害者もない。これがドヌーヴの考えで、実際、男たちとの間に別れたあとも友情を残しています。これは彼女の恋愛の特徴でしょう。

ひとを愛するということは、
それが悲しい結果に
終わったとしても
後悔しないものだと思う。

Temptation

「誘惑《ゆうわく》」は嫌い

五十代半ばの言葉です。自分はこのひとを愛したという事実、その経験が人間を豊かにする。

そして恋愛に過《あやま》ちはつきもの。「とくに若いときというのは、経験もなく情熱的で、一途《いちず》になりやすいだけに、危険も多い。相手に尽くすあまり自分を見失ったり、愛のために命を捨てようとすることだってある。でも若いからこそ経験できる愛の形というのもあるでしょう？　傷ついて、苦しみから逃れようともがくことを繰り返して、ひとは成長してゆくのだと思うの」

「とはいえ、恋愛の経験から教訓は得られない。それは毎回異なるから。それでも私はつねに出逢いを求めずにはいられない。いつだって、一緒にときを過ごせて人生を分かち合えるひとを探し続けているのよ」

「恋愛」と「男性を誘惑すること」とをくっきり区別する言葉もあります。

「男性を誘惑するのは嫌いだし、そういうことを楽しむ女性も嫌い。それは恋愛とは違う。いたずらに誘惑して夢中にさせて楽しむなんてあり得ないわ。その点について私は誠実でありたい」

愛は苦しみよ。
一方がつねに
より愛している。
いつだって、そうよ。

S
adness

苦しみ、悲しみとの向き合い方

五十五歳のときの言葉です。ドヌーヴが出演した『ヴァンドーム広場』のヒロインは、ある男に苦しめられていて、その男にこのように言います。

「眠れないときは、あなたなしの人生を想像する、そうすると眠れるのよ」

このセリフに共感しますか？　と問われて。

「ええ。愛は苦しみよ。一方がつねにより愛している。いつだって、そうよ。ほかの誰よりも愛《いと》しいと思えるひとがいて、そのひとを愛する。それでも、恋愛においては、逢わなければよかったのに、とさえ思うほどの苦しみや悲しみもある。そう、それが恋愛なの」

これは多くの恋愛を経験してきたからこその真実の言葉と言えるでしょう。だからといって恋愛から身を遠ざけようなんて思ったことはありません。

「私は恋愛に対して悲観的なわけじゃないわ。だって、恋をしているときがもっとも輝いているし、愛し愛されているときがもっとも幸せには違いないもの」

愛に関しては、
私にはすべての
ことが起こった、
って言えるわ。

C
onfidence

長続きしない恋愛

六十歳前後、いくつかの場面で、過去の恋愛を振り返る発言をしていて、それらを眺《なが》めると、男性との関係が長続きしなかった人生を寂しく思っていることがわかります。すこし意外です。

「私は多くの間違いを犯《おか》したかもしれないわね。たいていは私生活、恋愛。私が経験してきた恋愛はとても強烈だったけれど不安定だった。恋愛には必ず終わりがあるものだけど、その終わりを何度も経験したら、私自身に何かしらの問題があると思うものよ」

女優としては、ある程度のことを成《な》し遂《と》げ、自信をもっているとは言える。けれど「ひとりの人間としてはまったく自信なんてないの」。

「若いころに想像した人生を実現できなかったもの。誰かひとりのひとと関係を持続させることができなかった。なんでも話せて、いつも支えられていると思えるひとと ずっと一緒に住むことはなかった。そのことを残念に思ってもいるのよ」

自由奔放《ほんぽう》に恋愛を楽しんできたように見えるドヌーヴの、少しだけ寂しそうな横顔が目に浮かぶようです。

CHAPTER
Ⅳ

Career

仕事——女優として

難しい仕事だと思った。
だからこそやりたかった。

レディなんかに
なりたくない。
それがたとえ
偉大じゃない
レディだとしても。

「偉大なレディ」と呼ばないで

L
ady

六十年近く第一線で活躍し、じつに百本以上の映画に出演してきたカトリーヌ・ドヌーヴ。

七十六歳になっても主役級の映画のオファーが途切れることがない、それどころか、多くの監督がドヌーヴのための脚本を用意するという、類《たぐい》まれな大女優は言います。

「いつも言われる嫌いな決まり文句があるの。〝フランス映画界の偉大なレディ〟」

仕事に関して、いつも冒険していたい、人が驚くようなことをしたい、自分ですら知らなかった自分を発見したい、という願いをもち続けている彼女にとって、たしかに「偉大なレディ」は気に入らないでしょう。レディ、フランス語だとDame《ダーム》、淑女《しゅくじょ》。そこには、おしとやか、品行方正《ひんこうほうせい》、ある種のひとから見れば「退屈なひと」がいます。

「いままでにしてきたことが、そんなものになるためだったなんて。レディなんかになりたくない。それがたとえ、偉大じゃないレディだとしても」

実際、義理の息子が「彼女はパンクだ！」とも言っています。レディとは程遠いイメージです。

この仕事で私は
はじめて自分に目覚め、
未来を信じることが
できたの。

D
eternination

決定的な出逢いと決意

ドヌーヴを一躍有名にしたのは『シェルブールの雨傘』、二十歳のときの作品。

監督はその才能を認められ始めた三十二歳のジャック・ドゥミ。ミシェル・ルグランが音楽を担当。すべてのセリフが歌で構成されたミュージカル映画です。「奇跡の映画」「色彩と音楽のすばらしさ。ダイヤモンドのように光を放つ、映画史上もっとも美しいミュージカル」と大絶賛を浴び、その年のカンヌ国際映画祭のグランプリを受賞しました。戦争で引き裂かれた恋人たちの物語。ドヌーヴはこのヒロインをみごとに演じました。

これは彼女が女優として生きる決意をした、記念すべき映画でもあります。

「ジャック・ドゥミとあのとき出逢っていなかったら、私は女優にならなかったかもしれないわ」

ドゥミは彼女に、自分をさらけ出して演技すること、役柄のなかで自分自身を開放することの意義を教えたひとです。それまでは「映画の仕事はおもしろいけれど全人生を捧げるに値《あたい》するものなのだろうか」と迷っていた彼女にとって決定的な出逢いでした。

難しい仕事だと思った。
だからこそやりたかった。

C

hallenging

未知への挑戦

二十一歳。『シェルブールの雨傘』で一躍有名になったドヌーヴは次の作品でファンを驚かせ、戸惑《とまど》わせ、そして魅了しました。

ポーランドの鬼才ロマン・ポランスキー監督による『反撥《はんぱつ》』のヒロインは、性への欲望、好奇心、そして嫌悪感を抱き、二人の男を殺して発狂するというエキセントリックな若き女性。さすがはポランスキー、『シェルブールの雨傘』で可憐なヒロインを演じたドヌーヴのなかに、すさまじい激情と狂気を演じる才能を見出したのです。

また、ドヌーヴはこの映画への出演を自らの意思で決めました。「感動的な映画を撮る監督だと思ったし脚本も魅力的だった」。そして「難しい仕事だと思った。だからこそやりたかった」。

好きか嫌いかという自分の直感、新しいもの、未知なるものへ挑戦する姿勢、似たイメージのなかに沈潜《ちんせん》するのを嫌がるというドヌーヴの仕事へのスタイルはすでにこのころからあったのです。

ジグザグに進んでいく。
それが私のやり方ね。

Variously

ジグザグに、多様に

『シェルブールの雨傘』でスターになった二十歳から三十歳までの十年間、彼女がヒロインを演じた主な作品を眺《なが》めると、その多様性に驚かされます。ざっと順番に追ってみます。

『反撥《はんぱつ》』（発狂するヒロイン）『ロシュフォールの恋人たち』（恋と夢でいっぱいの双子の姉妹、楽しいミュージカル）『昼顔』（裕福な人妻の倒錯《とうさく》的な性を描いた問題作）『暗くなるまでこの恋を』（男を滅ぼす宿命の女）『哀しみのトリスターナ』（薄幸《はっこう》の残酷《ざんこく》な女）『ロバと王女』（童話を原作としたメルヘン。美しい王女さま）『モン・パリ』（夫が妊娠するというコメディの妻役）……。

本人も言っています。「私はいつも予測不可能だったと思う。『シェルブールの雨傘』の直後にフランスでは無名のポランスキーの『反撥』に出たりね。私はいつも自分を感動させたものに忠実、そんなところがある気がするわ。ジグザグに進んでいく。それが私のやり方ね」。

いったいどの作品が本人に近いのか。それは愚問《ぐもん》、と彼女は一蹴《いっしゅう》します。

「映画の役と現実の自分を混同されたくないわ」

私の仕事に必要なのは、
未知のものに対して自分を
激しく燃焼させること。

C
ourage

「戦慄《せんりつ》するほどに美しい」と評された映画

二十四歳のときの『昼顔』は、本人も「代表作のひとつ」と言っている映画です。

ヒロインは裕福な医師の妻。彼女には倒錯《とうさく》的な性への願望があり、夫の前ではそれを見せずに、昼間、娼館《しょうかん》で働くことでそれを満たす。原作はアルゼンチン出身の作家ケッセルが一九二九年に発表した同名の小説で、発表当時「身の毛もよだつ傑作」と評されました。監督ルイス・ブニュエルはこの作品を映画化したいと願い続けていて、ドヌーヴを発見したことによって映画化を実現させたのです。

「彼女は天使と悪魔を同時に心のなかに住まわせる女の二面性を演じうる唯一の女優だ！」

レイプやSMシーンのある問題作。このヒロインを演じるのは、そうとうな覚悟が必要でしたがドヌーヴはチャレンジします。「女優という私の仕事に必要なのは、実際の自分とはまったく違う人間を表現する勇気。そして、未知のものに対して自分を激しく燃焼《ねんしょう》させることだと思うの」。

映画は「戦慄するほどに美しい」と絶賛《ぜっさん》され、ヴェネチア国際映画祭でグランプリを受賞しました。

私はその仕事を
することによって、
映画と妥協《だきょう》しない
自由を買ったの。

C
areer

キャリアの「浮き沈み」

「私のキャリアには浮き沈みがあったわ」。ドヌーヴの映画の仕事を眺めてみると、本人が言うように「浮き沈み」があったことがわかります。

納得できないものには出演しない。これは彼女の信条です。けれど生活がありま す。そんなときはどうしたのでしょうか。

「私は映画の仕事で妥協はしたくなかった。だからコマーシャルに出演することでそれを解決したの」

一九七〇年代、つまり二十代の終わりからほぼ十年ほどは「シャネル」の香水。四十九歳で「イヴ・サンローラン」のスキンケアライン。五十八歳で「ロレアル」のヘアケア。六十三歳で「M・A・C」のコスメ。六十四歳で「ルイ・ヴィトン」のバッグなど。ロレアルのCMに登場したとき、パリ中で「経済的な必要性にかられて引き受けた」と噂《うわさ》になりました。これに対しては「そうよ、私にはお金が必要よ。お金を必要としないひとなんているの?」と笑います。

CMを選ぶときのポイントは「とにかく自分と調和がとれるもの、自分がよいと思えるものしか引き受けない。そこに嘘はないわ」。

批判してくれるひとが
いるってラッキーなこと。
つねに自分の立ち位置を
見直すことができるから。

S top

迷ったら、やめる

五十代の後半の言葉です。「仕事をしている、働いているっていう感覚はないわ。人生でもっともエキサイティングな時間だから。一年に三本のペースで映画が作れたら最高ね」。

出演のオファがあったとき、それに出るか出ないかはひとりで決断します。迷っているときは、いくら仕事が欲しくても出演はしない。

それでも「あれは失敗だった」と思う映画もあると言います。思うように演技ができなかったこともあるし、監督と良い関係が築けなかった映画もあります。多くの批判も受けてきました。

「成功した映画にしか出ていないように見えるかもしれないけど、それは違う。彼女はいったい何を考えているんだ？　という批判もたくさん受けてきたわ」

けれど、ドヌーヴは批判してくれるひとがいることはラッキーだと考えます。なぜなら自分自身を省《かえり》みるチャンスを与えられるからです。大女優として讃《たた》えられている立場にある女優の、謙虚《けんきょ》で真摯《しんし》な姿勢があります。

幸福は、
不安や後悔を
くぐり抜けたところに
存在しているのだと思う。

Regret

不安や後悔のあとの「幸福」

一時期恋人でもあった名監督フランソワ・トリュフォーによる『終電車』が大成功をおさめセザール賞主要十部門を受賞。ヒロインを演じたドヌーヴは主演女優賞を受賞します。三十七歳。

輝くばかりに美しく毅然《きぜん》としたヒロインを演じ、誰もがカトリーヌ・ドヌーヴは栄光の頂点にいる、と思っていたそのとき、彼女自身は引退を考えていたというのだから驚きです。二十年後に振り返って言っています。

「あの映画の勝利のあと、このあとはただ悪くなってゆくだけだろう、避けがたい没《ぼっ》落《らく》の前にやめるべきだわ、って考えていたの」

出演したかった映画が製作中止になったり、倦怠《けんたい》感、慢性的な疲れもありました。

「いまになって思えばすべては杞憂《きゆう》だったけれど、でも思うのよ。人生には衰退《すいたい》の時期も必要なのかもしれない。そして幸福は、不安や後悔をくぐり抜けたところに存在しているのだと思う」

「衰退の時期」を経て、『終電車』から十二年後『インドシナ』でふたたびセザール賞主演女優賞を受賞するのです。

うちに秘めている
情熱というのは、
外に出るのを
拒むのだと思う。

C
001

うちに秘めた情熱

四十八歳のときの作品『インドシナ』が大絶賛されセザール賞主演女優賞を受賞。

フランス領インドシナのゴム農園を取り仕切る孤独で強いフランス人女性を演じました。インドシナを愛しながらも引き離されてしまう彼女と、独立運動に身を投じた彼女の養女の人生を描く大河ドラマ。脚本はドヌーヴを念頭に置いて書かれたので「あのヒロインをそのまま私だと思ってもらってもいい」とドヌーヴにしては珍《めずら》しいことを言っている映画です。

情熱的ではあるけれど、笑顔がほどんどなく外見はとてもクールなヒロイン。これについては『インドシナ』のＰＲで来日しテレビ番組「徹子の部屋」に出演したとき、次のように言っています。

「情熱的な人間というのは、外から見るとクール。うちに秘めている情熱というのは、外に出るのを拒《こば》むのだと思うわ」

尊敬する女優は
マリリン・モンロー。

M

onroe

本物の女優のエッセンス

ドヌーヴはさまざまなところで「マリリン・モンローが好き」と発言し、実際、マリリンのドキュメンタリーをプロデュースしたこともあります。「彼女は純粋で、ありのままで、ウィットに富んでいて、すごくセクシーで、親切で、柔《やわ》らかな表情をもっていて、シャイで無防備《むぼうび》で夢見心地で……私にとって完璧な女優、偉大な女優なの」。

個人的に会ったことはないから、マリリン本人のことはわからない。それでもスクリーンでのマリリン、女優としてのマリリンを絶賛《ぜっさん》しています。

「彼女は彼女にしかない光、ほかの女優とは違う決定的な彼女だけのものをもっていた。私にとって彼女は本物の女優、女優のエッセンスなの。セックスシンボルとして有名すぎたから、女優としての才能は過小評価されているわ」

本格女優を目指して努力していたマリリンがこの言葉を聞いたらどんなに喜ぶことでしょう。

マリリンは一九二六年生まれ。ドヌーヴより十七歳年上。一九六二年に亡くなったときドヌーヴは十九歳。女優という仕事と本格的に取り組み始めた年でした。

彼は彼の熱狂《ねっきょう》のおもむくまま、
私を、私自身から引き離して
遠くに連れ去ってくれる。
私が傷つくかもしれない、って
承知でそうするの。

Actress

徹底的にやりきる女優

「映画監督との出逢いが私を変えていった」と言うドヌーヴ。インタビューのときによく登場する名がジャック・ドゥミ（『シェルブールの雨傘』など）、トリュフォー（『終電車』など）、そしてアンドレ・テシネ（『夜の子供たち』『愛しすぎた男』など）です。

自分と同じ年の生まれのテシネを彼女は尊敬し信頼していて、テシネ監督というだけで、脚本も見ずに出演契約にサインしたこともあるくらい。

彼はドヌーヴに、それまで見せたことのない姿を見せるよう要求し、彼女もそれに従いました。そんな彼女の様子に「テシネがドヌーヴに四階の窓から飛び降りるように指示したら、彼女はそうするだろう」と言うひともいるくらいです。

ドヌーヴはテシネのどこが好きなのでしょう。

「彼は彼の熱狂のおもむくまま、私を、私自身から引き離して遠くに連れ去ってくれる。私が傷つくかもしれない、って承知でそうするの」

テシネに限らず、情熱的で個性的、どこか破壊的な監督と組んだとき、ドヌーヴはぞくぞくとし、覚悟します。これは若いころから現在に至るまで変わりません。

「彼らと一緒に徹底的にやりきることが私は好きなのよ」

ある夜、衝動的に
監督に手紙を書いたの。
自分からそんなアプローチ
したのははじめてだった。

Letter

「あなたの映画に出たい」という手紙

五十六歳のとき出演した『ダンサー・イン・ザ・ダーク』はその年のカンヌ国際映画祭でグランプリを受賞しています。主演はアイスランドの歌手ビョーク。監督はラース・フォン・トリアー。

この映画への出演はドヌーヴからのアプローチでした。

「監督の『奇跡の海』にとても感動して、ある夜、衝動的に手紙を書いたの。あなたの映画に出たいって。フランスではすべてが監督の要望で行われるという伝統があるので、私がそんなことをするのははじめてだった」

ビョークは歌手であり女優ではないため、そしてエキセントリックな性格もあり、しばしば撮影が中断されることもありました。ドヌーヴはそれに苛立ちながらもビョークを支えました。

ビョーク自身もドヌーヴに助けられた、と言っています。

「でも私はビョークの守護《しゅご》天使なんかじゃないわ。彼女がそこにいると保護してあげたくなるの。彼女には女優の経験がなかったから、私は不必要な痛みを避けたかっただけ」

若くて才能ある
ひととの仕事が、
いまの私には
必要なの。

T
alent

「若き才能」との仕事

五十九歳のとき『8人の女たち』に出演。監督は二十四歳下のフランソワ・オゾン。

「出演を決めたのは監督の熱意が伝わってきたから。私も数多くの映画に出てきたから出演の決め手は欲しいの。何かひとつでも独創性があると惹《ひ》かれるわ。私はつねに自分の殻《から》を破りたい、って思っているから」

この映画以降、ドヌーヴは積極的に若い監督たちと組み始めます。

「彼らから教わることがたくさんあるし、未来の巨匠《きょしょう》がここにいる、ってことを知らせたい。若くて才能あるひととの仕事はとても刺激的。私の女優としての計算なんかじゃなく、個人的な好奇心から彼らと組むの」

実際、若く優れた監督たちからのオファーが多く、彼らにとってドヌーヴがいかに魅力的な女優なのかがわかります。

そして若い才能と仕事をすることはドヌーヴにとって刺激的で、わくわくする冒険でもあります。

「もしこれがなかったなら女優をやめていたかもしれないわね」

映画を作っているときには、
私の好奇心が覚醒《かくせい》して
いなければならない。

C urious

自分にとって「正しい場所」

六十二歳、『キングス&クイーン』の封切りを記念して、ドヌーヴより十七歳年下の監督アルノー・デプレシャンが責任編集した雑誌のなかのインタビューには、ドヌーヴの映画に対する考えがよく表れています。

「仕事に関しては、私は正しいことをしたいから、自分にとって正しいと思える場所を見つける必要があるの。でも〈正しい〉という言葉はとても怖いものよ。フランス語で〈正しい《juste》〉に〈少し《un peu》〉を加えると〈足りない〉という意味になってしまうのよ」

「私が映画を作っているときには、私の好奇心が覚醒していなければならない。そうでないと、すぐに飽きてしまうから。まるで子どもみたいだけど。だからそういう努力は続けてきたつもり」

つねに自分を驚かせるものに接するための努力をすること、それを見つけるための意識をもち続けること。これは女優に限らず創造的な仕事を続けるうえで必要不可欠なものです。

自分をつねに、
ちょっとした危険に
さらす必要があると思う。

D
anger

自分の演技に満足したことがない

「忘れないようにしていることがあるの。同じ路線を走らないように注意しつつ前進し続けるということ。やりたいことはまだたくさんある。ただ変化のない路線を進まないために、挑戦すべきことは何か、いつも考えているわ」

六十代後半の言葉。「自分の演技に満足したことはない」とも言います。いつになっても演技をするということ、撮影のはじまりは緊張と不安でまるで「パラシュートなしで飛ぶようなかんじ」。

つねに崖《がけ》っぷちにいるような感覚をもち続けるのは、自分の演技がマンネリズムに陥《おちい》るのをおそれているから。これはキャリアが長くなればなるほどに大きくなる不安でもあります。

「ある一定のところに落ち着いてしまわないように、自分をつねに、ちょっとした危険にさらす必要があると思うの」

あえて台本を暗記しないで撮影に臨《のぞ》むときもあります。これは演技を準備しないことによって、自分に緊張感を与えるため、自分を驚かせるためです。「ひとを驚かせたいときは、まず自分を驚かせなければならない」と考えているからです。

ケーキの
トッピングには
なりたくない。

M
yself

その仕事は「私でなければならない」のか？

すでにあらゆるシーンで、女優カトリーヌ・ドヌーヴはその功績を讃《たた》えられ、有名なので、いわゆる「ゲスト出演」の依頼もあります。ときにそれを承諾することもあります。判断基準について彼女はこう言います。

「それは私でなければならないのか、私の役がなくてもストーリーが成立するか否かを考えるわ。だって、ケーキのトッピングにはなりたくないから」

トッピングがなくてもケーキそのものの美味《おい》しさは損なわれない。単なる飾りになることを拒絶《きょぜつ》しているのです。

年齢に応じて、求められるイメージ、役も変化します。それももちろん引き受けます。「でも急カーブはなかったわ。私は自分がどのように見られているかは認識できる。年齢とそれに応じた変化、それは自然な流れなのよ」。

次の言葉も彼女の仕事に関する一貫した姿勢が表れています。

「キャリアに関しては、したいことをすべてしつくした、とは言えないけれど、少なくとも、したくないことはしていないわ、それはたしかね」

自分が
飽きてしまうことが
一番怖い。

S
uccess

最後に勝つのは「好奇心」

これは五十六歳のときのインタビューですが、ブレないひとなので、以後にも同じことを言っています。

「この世界においては、どうすれば成功するのかなんて誰もわからないのだから、自分を信じるしかない。自分の感覚、信条に従うしかないの」

スキャンダラスな役柄を演じてきたことも多々あり、そのときどきでもちろん不安はありました。

「でも私の場合、最後には好奇心のほうが打ち勝つという感じ。新しいことを発見したい、何か違った経験をしたいという欲求が、躊躇《ちゅうちょ》を凌駕《りょうが》するの。自分が飽きてしまうことが一番怖い。やはり自分にとって刺激的なこと、自分が楽しめるということが何よりたいせつ」

七十を越えて。

「こんなに長い期間女優を続けてきて、いまは人生の一部と言える。仕事をやめようかと真剣に悩んだことは一度か二度しかないわ。それも若いころのこと。この職業にほんとうに魅力が感じられなくなったら、そのときは引退を考えるわ。引き際は自分で心得ているつもりよ」

あなたが私のことを
わかっている以上に、
私はあなたの作品を
何本も観て、あなたの
ことを理解していたのよ。

D
irector

是枝監督との出会い

二〇一九年秋、ドヌーヴ七十五歳。是枝裕和《これえだひろかず》監督の『真実』で国民的大女優の役を演じました。『万引き家族』でカンヌ国際映画祭グランプリを受賞した監督の注目の新作です。普遍《ふへん》的テーマである、母と娘の関係が中心に描かれていますが、娘役はジュリエット・ビノシュ。フランス映画の至宝《しほう》といわれる二大女優の共演も話題となりました。監督はドヌーヴなしではこの映画はなかった、と言います。

クランクアップのあと、ドヌーヴは監督に言いました。

「あなたは私の演じている姿しか観たことがないから。あなたが私のことをわかっている以上に、私はあなたの作品を何本も観て、あなたのことを理解していたのよ」

作品は個人的なものであり、監督の内面を表すもの。そういう意味で、よく理解していた、と言っているのです。逆に監督は自分の作品を観たとはいっても、私は演技をしているのだから、そこが違う、という意味でしょう。

大丈夫よ。
何度でも
相手をして
あげるから。

H
onesty

厳しさと優しさ

『真実』の劇中劇で、ドヌーヴの母親役を演じるマノン・クラヴェルは若き舞台女優で、細切れで進行してゆく映画の撮影にとても苦労していました。いったん断絶した感情を、すぐに表現しなければいけないからです。

あるときのエピソード。ドヌーヴとマノンが対峙《たいじ》し、マノンが涙を流す重要なシーンで、なかなか感情を表現することができません。そのとき、ドヌーヴがマノンに近づいて耳元でなにか囁《ささや》いて立ち位置に戻りました。是枝《これえだ》監督によるそのときの描写。

「その瞬間マノンの表情が一変した。本番中それまで堰《せ》き止められていた感情が一気に流れ出したかのような表情、言葉。涙、唇の震《ふる》え」

カットののち監督はマノンに何を言われたのか尋ねました。マノンは答えました。

「『大丈夫よ、何度でも相手をしてあげるから』と言われたんですが、それよりフッとここ（二の腕）に触られたのが大きかったです」

そこには何かをつかんだという晴れやかな笑顔があり、是枝監督は書いています。

「やはり、カトリーヌ、恐るべし」

――あなたのDNAを受け継ぐ女優は誰ですか？

――フランスにはいないわね。

Professional

私は私ただひとり

これは映画『真実』のなかのセリフですが、実際、是枝《これえだ》監督とドヌーヴの会話がそのまま使われています。「彼女は毒舌《どくぜつ》さえもチャーミング」と言われるドヌーヴ。その言い方、毒が的《まと》を射《い》ていること、つまり感覚の鋭さ。それらが人々に彼女は何をしてもチャーミングと思わせます。

監督は苦笑しながら言います。

「いつも遅刻して現れるし、それにすぐ帰りたがる。早く撮影を終えてお酒を飲みに行きたがるんです。でも憎めなくてみんな許しちゃうんです」

そんなふうに周囲のひとたちから愛されているからこそ、第一線で活躍し続けているのでしょう。けれどそれだけではない。監督は言います。「新しい作品にすごく貪《どん》欲《よく》で、いろんな国の監督を気にして映画を観ているんです。だいたい朝、現場に現れると、『あなた、あれは観た?』から会話が始まる」。

また『真実』クランクイン前、日本のフランス映画祭で是枝監督はフランソワ・オゾン監督と話していますが、そのときオゾン監督が言いました。「ドヌーヴはああ見えて、とても作品のために尽くすタイプの女優だから何の心配もいらないよ」。

ドヌーヴの仕事に対する意識、映画を愛していることが伝わるエピソードです。

CHAPTER V

Spirit

ドヌーヴ精神

私は、自分の欲望に
抵抗することが苦手なのよ。

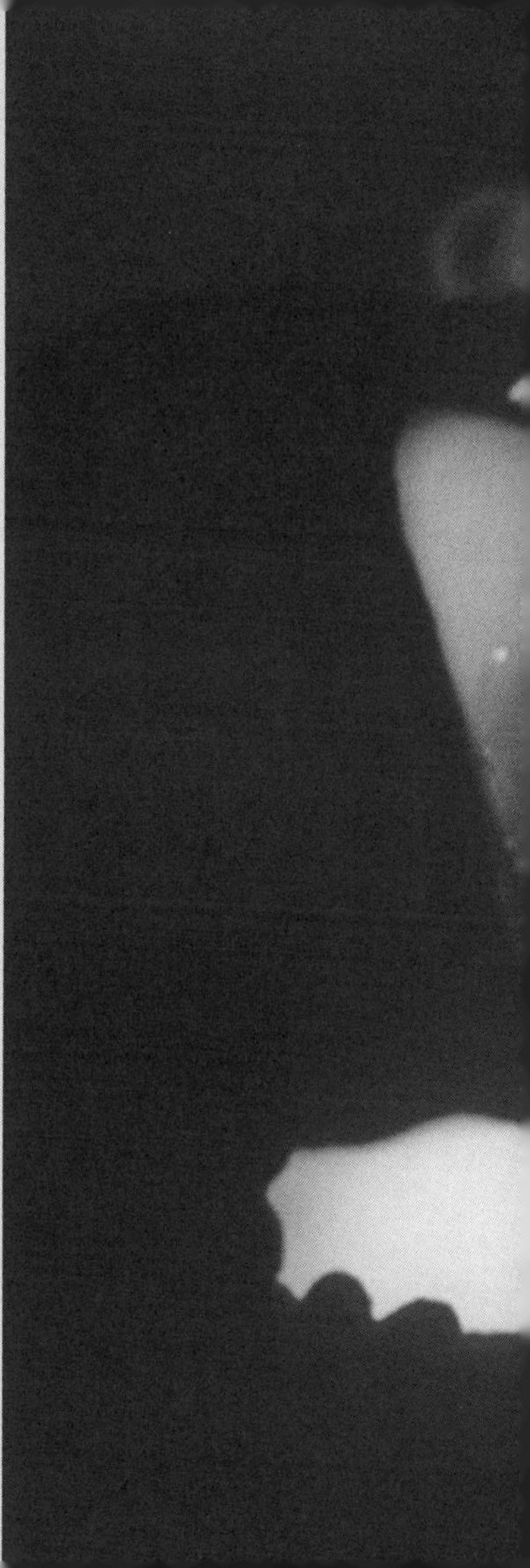

「規律」、
それは私の
ためにある
言葉ではない。

Rule

「偽善」を拒む精神

現在のサンローランのデザイナー、アンソニー・ヴァカレロは「ドヌーヴ精神」という言葉を使い、それを「洗練され、ルールにとらわれないもの」と表現していますが、ドヌーヴのスタイル、生き方にぴったりだと思います。

ドヌーヴがインタビューでよく問われることのひとつに「周囲からどのように思われているか気にしないひとですよね？」があります。

この答えは次の通り。

「誤解しないで欲しいのだけど、私は誰か特定の個人から言われることには真剣に耳を傾ける。でも、いわゆる世論は、まったく気にしないわ」

「私は社会規範の偽善《ぎぜん》を拒絶する。それを受け入れたことは一度もない、って言える。とくに私生活では」

社会には何らかの規則がなければならないことは理解していて、良き市民として行動するよう心がけてはいるけれど、個人のこと、とくに私生活に関しては、社会が決めた規律というものを断固《だんこ》拒否する。ドヌーヴ精神です。

私が何かを
欲しているとき、
誰も、何も、私を
止めることは
できないの。

Freedom

欲望に抵抗しない

五十九歳のときの言葉です。

「私は十代の半ばくらいから自分がしたいことをつねに知っていた。いまでも母は、私にこう言うの。小さなお嬢さん、あなたはまったく分別がないのね！　そして私はいつも、こう答えるの。ママ、いまごろそれに気づいたの？」

仕事にしても私生活にしても「私が何かを欲しているとき、誰も、何も、私を止めることはできないの」。

これはもう彼女の性格であり、生き方そのものです。

「私は、自分の欲望に抵抗することが苦手なのよ」

そのような生き方では孤立することもあるし誤解されることもあるし、中傷《ちゅうしょう》を受けることもある。

でもそのようにしか生きられない。だからそのように生きるのです。

退屈だけは
拒絶し続けてきたわ。

Past

「間違いのない人生」にノン

六十二歳。「間違いのないように注意深く人生を送っているひともいますが、あなたはどうですか?」という問いに対しての答えです。

「間違いのないように、は私にはあてはまらない。ただ、私は退屈だけは拒絶し続けてきたわ」

大女優の「過去の栄光」はドヌーヴについて離れることはなく、どこに行っても賛《さん》美《び》されます。周囲から見れば羨《うらや》ましいかぎりですが、退屈を拒絶するドヌーヴからしてみれば、過去は過去。

「過去の栄光に満足するなんて嫌。私はなんであれ凍りついたものが恐ろしいの」

だからもしそれが、過去の栄光を台無しにする恐れがあったとしても、間違いのないように慎重に無難に人生を歩むことを避け、未知なるものにチャレンジし続ける。

そんな彼女だからこそ、いつまでも色褪《いろあ》せないで存在し続けるし、いまでも多くの映画監督が彼女と仕事をしたがるのでしょう。

「死ぬまで一緒に」
なんて言葉ほど
嫌いなものはないわ。

Words

大嫌いな愛の言葉

将来について、あれこれと計画したりしない。これはドヌーヴの人生に一貫しています。たとえば、二十九歳で娘キアラを産んだ直後の言葉。

「私にとって関心があるのは現在。将来のことなど誰にもわからない。『死ぬまで一緒に』なんて言葉ほど嫌いなものはないわ」

四十九歳。「年齢を重ねるほどに、物理的な残り時間は減って、ひとづきあいも増えて、自分のために使える時間が減るの。だから貴重な時間を無駄《むだ》にしたくない」。

六十二歳。「将来の展望なんて考えてないわ。それは無意識ではなく、自分を守るため。だって、私はひとにしても、ほかの事柄にしても、長期的に中期的に関わり続けることができないの。一年後も同じものを欲しているなんて言えないもの」。

こんなふうに考えるようになったのは「若いころのつらい経験」があります。おそらく二十三歳のときの経験、姉フランソワーズの事故死。

「明日、この世にいられるかなんてわからない。だから現在を生きるのよ。そう、私は完全に、この瞬間、を生きたい」

私は自分が
公共財産だとは
思わない。

O
riginally

「本来の私」でいること

四十二歳、ドヌーヴは「マリアンヌ」に選ばれます。マリアンヌとはフランス共和国を象徴する「自由の女神」。その時代の顔にふさわしい美しい著名人が選ばれ、公共の場に彫像が設置され、通貨や切手にも肖像が使われます。これまで女優のブリジット・バルドー、モデルのイネス・ド・ラ・フレサンジュなどが選ばれています。現在は女優のソフィー・マルソー。

もちろん光栄なことではあるけれど、だからといって自分が公共財産だとは思わない。「私を愛してくれるひとたちのことはもちろん好きだけれど、そのことと彼らに対して義務を負うというのは別問題」、これがドヌーヴの考えです。

ファンは、彼らがイメージしている「カトリーヌ・ドヌーヴ」を愛しているのだという認識。この、ある意味の真実を彼女はデビュー当時から忘れたことはありません。「それは女優としての人生の一部でもある」と承知しながら、それでもやはり根本的なところで、有名女優だからという理由で、世間から過大《かだい》な要求をされることに対して疑問を抱《いだ》き続けているのです。

私は、
なれなれしく
されることに
耐《た》えられない。

Cold

「氷のように冷たい」と言われる理由

「氷のように冷たい」と言われるドヌーヴ。これは彼女の初期の作品のイメージでもあるのですが、若いころはそんなふうに見られることに傷ついたりもしました。けれど実際「私は親密なひとたちといるときには温かく、そうでないひとたちに対しては違うだけ」と言っているので、親しくないひとたちにとっては「氷のように冷たい」女のように映るのでしょう。

それでも、それはそれでいい。親しくないひとたちからなれなれしくされることに耐えられないのですから。

親密な関係にないひとたちに、つれない態度をとって嫌われるならかまわない。

これは年齢とともに強固になっているようです。

彼女がよく言う「人生を楽しむコツは嫌いなことをしないこと。したいことのためにエネルギーをたくわえておくこと」、この言葉にも通じます。

限られた人生、不本意なおつきあいなどに煩《わずら》わされることなく、たいせつなひとたちとの時間をたいせつにしたい、という思いを彼女は強くもっているのです。

「私も普通のひと」
なんてところを
見せるのは大嫌い。

「飾らない日常」は見せない

Ordinary

女優にもさまざまなひとたちがいて、飾らない日常の姿を見せることを好むひともいます。けれどドヌーヴはこれを嫌います。

「私だってもちろん多くのひとたちと同じように、普通に暮らしている。スーパーマーケットにも行くし子どもを学校に迎えに行ったりする。でもそれを見せたくないの」。こんな例を挙げています。

「並んで掲載されていた二枚のオペラ歌手の写真を覚えているわ。マリア・カラスとレナータ・テバルディ。マリア・カラスはゴージャスなガウン姿。テバルディは、キッチンで料理をしている姿。キャプションには、テバルディはとても素朴《そぼく》なひと、毎晩、彼女は母のためにスパゲッティを作ります、ってあった。マリア・カラスだってスパゲッティくらい作ったわよ（笑）。ただ、彼女は観客のために料理をしている姿を見せる必要はないって思っていたの。彼女は観客のために歌うことがすべてなのだから」

マリア・カラスを支持して、そしてドヌーヴも映画を通してファンのひとたちに夢や彼らが自分自身と向き合う時間を与えたいと考えているのです。

私の秘密主義が
度を越している
ことは認めるわ。
でも、これは私の信条。

S
ecret

インタビュー嫌いの秘密主義者

もともと嫌いなインタビュー。プライヴェートなことは話さないという約束のもと応じているのに、そこに踏みこんでくるインタビュアーに対しては辛辣《しんらつ》です。

たとえば五十七歳のときのやりとり。

——あなたがナーバスになるのはどんなときですか？

「正直に言っていい？　疲れるとき。たとえば、いまのようにプレッシャーにさらされて疲れるとき、耐《た》え難《がた》い環境に身を置いているときよ」

徹底した秘密主義は彼女の信条。誰に何を言われても動じません。

娘キアラの元夫のミュージシャン、バンジャマン・ビオレが二〇一七年五月のインタビューでドヌーヴのことを語っています。「彼女はとてもプライヴァシーをたいせつにしているひとで、すごい情熱家、パンク！」

近くにいた、ずいぶん年下の男性から「パンク」という言葉を引き出すあたり、歳を重ねても衰《おとろ》えないどころか加速するドヌーヴの非凡《ひぼん》な反骨《はんこつ》精神がここにあります。

私は人生を、
革命ではなく
進化しながら
歩んできたのね。

D
iary

無知でやる気がなかった時代

六十一歳でドヌーヴは日記を出版します。日記とはいっても、プライヴェートなことはいっさいなく、映画の撮影に関する事柄《ことがら》のみです。

三十年間に渡って断続的に書かれていたものなのに、そうとは思えないほど、そこにある「声」は一貫しています。

「若かったときはもう少しやる気がなくて無知で罪の意識もなかったから、いくつかのことは少し良くなったり少し悪くなったりはしたけれど、基本的に私は変わっていない。私は人生を、革命（revolution）ではなく進化（evolution）しながら歩んできたのね」

出版を意識して書いた日記ではありませんでした。ある出版社から過去三十年間のインタビューをまとめた本を出版しないか、という提案があり、本人も興味をもって進めたのですが、うまくいきませんでした。なぜなら「インタビュー記事には私自身があらわれていなかったから」。それで、日記を出版社に渡したのです。映画に関心のあるひとにとっては、ひじょうに興味深い内容です。

私生活を恥知《はじし》らずに
露出《ろしゅつ》するなんて、
考えただけでも
ぞっとするわ。

C
riticism

バルドーへの批判

五十代の半ばころ、自伝の出版を考えていたこともありました。好き勝手にあれこれと書かれることにうんざりしていたからです。けれど、やはりすすまないようです。なぜなら、自伝を書くとなると、家族、恋人、友人たちのプライヴァシーの問題があります。彼女にとっては私生活を語ることへの抵抗が大きすぎるのです。なにしろ、三十歳になる前から「私生活を恥知らずに露出するなんて考えただけでもぞっとするわ」と言っていたひとです。

そしてブリジット・バルドーの赤裸々《せきらら》な自伝について批判的に語ります。「自分の息子がまだ赤ちゃんだったころ、この子がいなければいいのにと思ったなんて、そんなことを書くのは過酷《かこく》で非人道的よ」。バルドーは過激な動物愛護運動でも知られます。ドヌーヴもペットとの暮らしを楽しんでいますが、それについてもひとこと。「彼女は動物を愛しているけれど、それは愛するのが、とても簡単だから。彼女は感情面で大きな問題を抱えている、とても幼稚なの。私は自分自身が充分に大人だとは考えていないけれど、動物よりもひとに興味があるわ」

ＳＮＳで自分を
さらけ出すことが
美しいとは思えない。

S
ns

SNSはいらない

七十二歳のときの言葉です。

誰もがツイッターやインスタグラムにプライヴェートな姿や配慮に欠ける発言を投稿する状況を嘆《なげ》いています。

「とくに俳優には華麗《かれい》さと神秘性が必要なはず。SNSですべて見せてしまったら、誰もスターに夢を描けないわ」

ドヌーヴ本人はFBページをもっていますが、頻繁《ひんぱん》に更新はされず、映画の情報などがときどきアップされる程度です。

「俳優は自分に関する秘密を、それは性的嗜好《しこう》に関しても、秘密をまとうほうがいいと思う。そのほうが、自由にさまざまな役柄を演じることができる。私自身がプライヴァシーを重んじる理由のひとつもそこにあって、やはり俳優は私生活についてできる限り沈黙を守らなくてはいけないと思うの」

女優として、幅の広い役を演じたいという意識がここにはあります。同時に、やはり彼女にとっては、プライヴェートな部分をさらすことがどうしても美意識に反するのです。

小さな嘘《うそ》も
優しい嘘もない。
私にとって嘘は嘘。

L
ie

小さな嘘も、嘘は嘘

秘密主義であること。それは「私のあり方、私の生き方であり、それを非難される意味がわからない」。彼女は自分に関してだけではなく、誰かの私生活を詮索《せんさく》するというその行為が嫌いです。

「シンプルなことよ。何か聞かれたときに、何もかも情報提供しなければならないと思わないだけ」

相手の要求にすこしでも応えようとしたら、そこにはどうしても嘘が混ざってしまう。これがドヌーヴの考えです。

友人のジェーン・バーキン、彼女は「スマートフォンの連絡先に入っている友人の電話番号で一番の有名人は誰?」と問われて「カトリーヌ・ドヌーヴ」と答えていますが、ジェーンは「真実によって傷つけられるより、慰《なぐさ》めになる嘘のほうがいいわ」と言っています。ドヌーヴは違って「小さな嘘も優しい嘘もない。私にとって嘘は嘘」。ふたりの会話が聞こえてくるようです。

「私は嘘をつきたくない」。だから親しいひとたちに対しても、それが必要だと思えば、残酷《ざんこく》ではあっても嘘よりは真実を選ぶ、そういうやり方を貫《つらぬ》いてきたのです。

少数派にも
存在する権利はある。

T
obacco

煙草《たばこ》が好き

カトリーヌ・ドヌーヴといえば「煙草」というくらい、インタビューの場でも映画の役でも煙草を吸うシーンが多く登場します。

アメリカのテレビ番組「The View」に出演したときのことです。五十九歳。

煙草についての話題が出ました。

「煙草を吸うべきでないことは承知しているけれど、公共の場であっても喫煙スペースはあるべきだと思う。それがないのは民主的ではないと思うの」

この発言に対して聴衆《ちょうしゅう》からは、まばらな拍手だけ。

司会者が言います。「ご覧の通り、あなたのようなひとは少数派です。みんな喫煙にうんざりしているんですよ」。

「それでも、少数派にも存在する権利はある。それはたいせつなことだと思うわ」

健康、美容のことも考えて、何度も禁煙を試みてきました。催眠療法《さいみんりょうほう》で一時期完全に禁煙していた時期もあります。電子タバコに切り替えた時期もありました。それでも現在のところ彼女の人生から煙草は消えないようです。

私もリスがいいわ。
リス二匹じゃだめなの？

C
ute

率直でチャーミングなひと

映画『真実』にまつわる物語を綴《つづ》った是枝《これえだ》監督の『こんな雨の日に』のなかに、こんなエピソードが描かれています。壁にかけられたクジャクの絵を見て、ドヌーヴが「なぜクジャクなの？」と問い、監督は「今回は登場人物ひとりひとりに動物のイメージを重ねている」と答えます。するとドヌーヴの瞳がきらきらと輝き、ひとりひとりが何の動物なのかを尋ねて、けれど自分がクジャクだと聞いたとたん、表情が露骨《ろこつ》に変わって「クジャク、嫌い」。孫娘役の動物がリスだと知ると「私もリスがいいわ。リス二匹じゃだめなの？」監督は書いていています。「何だろう、この子どものような、わがままとも違う率直《そっちょく》さは。七十五歳カトリーヌ、手強《てごわ》い」。これには後日談があって、ドヌーブは監督に一枚のハガキを手渡します。リスが描かれたハガキで「ほら、ピンクのリスが可愛いでしょ」。昔からファンレターの返信に使っていたもので、つまり以前から自分のイメージはリスなのだというアピールです。監督は書いています。「すごい。七歳のクレモンティーヌ（孫娘役）への対抗意識が可愛い。仕方ない。リス二匹にしよう」。

可愛い、と思わせてしまうところが、やはりどうにもチャーミングなのでしょう。

大人らしく
振る舞うことをせずに
大人になりたい。
そのくらいの権利は
あると思うの。

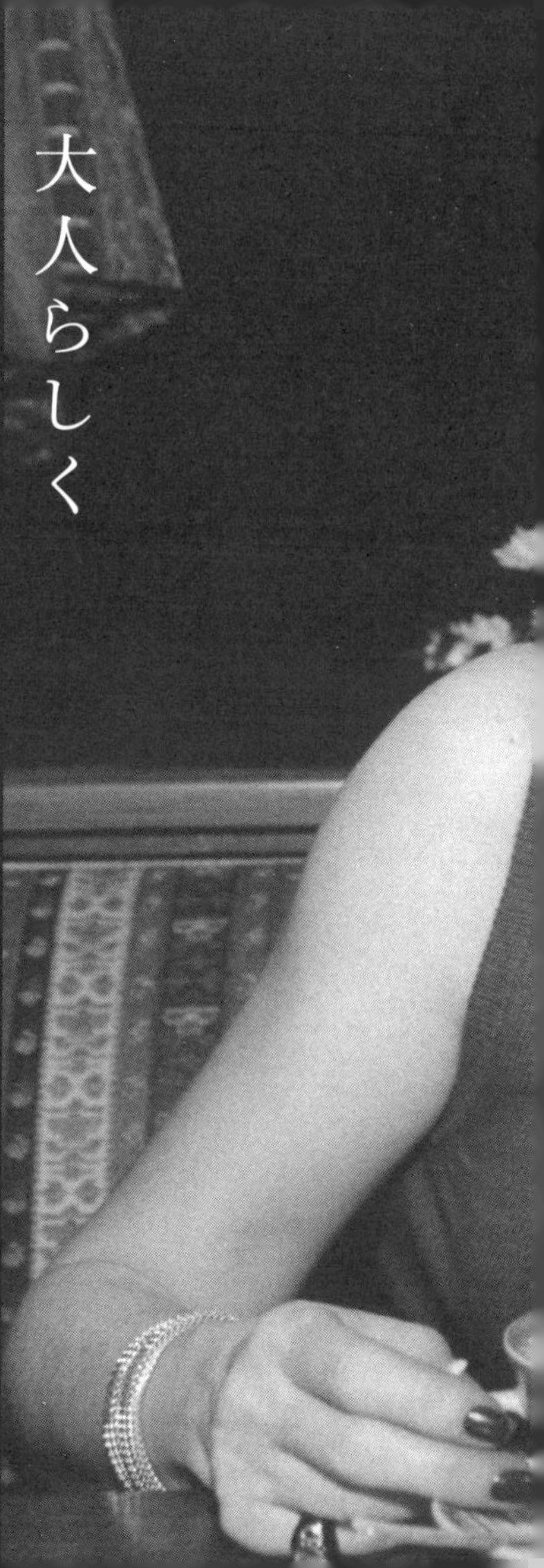

そんなときはひとりになるの。
必要なのは、精神的物理的に
ひとりきりになれる空間。
信じられないくらい
自由な感覚になって、
自分を取り戻せるのよ。

A
lone

ひとりでいる感覚

五十代の半ばころの言葉です。

「犠牲《ぎせい》にしてきたことも多々ある。それは何？　と問われると具体的な事例は浮かばないけれど、何かを犠牲にする、何かを諦《あきら》める。こういうことは誰しも日常生活のなかでは多かれ少なかれ、起こって当然のこと」

いつだって調和のとれた人生を送りたいと願い続けているけれど「でもそんな法則なんてないのよ」。

「人生には永遠の幸せはなく、ただ素敵な瞬間と悲劇的な瞬間があるだけ」

やわらかな諦観《ていかん》の上に立ち、そのときそのときをたいせつに生きたいと願っています。

それでも、自分を見失いそうなときはあります。何歳になってもあります。

「そんなときはひとりになるの。必要なのは、精神的物理的にひとりきりになれる空間。信じられないくらい自由な感覚になって、自分を取り戻せるのよ」

誰しも他人をジャッジする
権利をもたない。
正しいこと、正しくないことを
決める権利をもたない。
このことはぜったいに
忘れてはいけないわ。

J
udge

他人をジャッジしない

一九七一年、人工妊娠中絶の自由化を求める「三四三人のマニフェスト」が発表されました。起草者はシモーヌ・ド・ボーヴォワール。マルグリット・デュラス、フランソワーズ・サガン、ジャンヌ・モローなどの著名人を含む三四三人が署名。「私は中絶手術を受けたことがある」と公言したのです。そしてドヌーヴもこれに署名。当時二十八歳。

一九七五年シモーヌ・ヴェイユ厚生大臣のもと、合法化されました。

「私が政治的な発言をするとしたら自由のため、そしてそのことが自分の心に愛をもたらすから」

ドヌーヴは友人と政治の議論をするのは嫌いで、政治活動に熱心なひとも敬遠しています。ここには彼女の徹底した個人主義があります。

「本質的なことは自分の原則にこだわり、それを表明する」けれど、「誰しも他人をジャッジする権利をもたない。正しいこと、正しくないことを決める権利をもたない。このことはぜったいに忘れてはいけないわ」。

自分の意見をもつことと、それを他者に強要することはまったく違うということでしょう。

ひとが群れる
ことによって
生じる影響力、
圧力が私は嫌い。

I ndividualism

集団狂気への警句

二〇一七年の秋、セクシャルハラスメントを告発する#me too《ミートゥー》が大きなムーブメントとなったおよそ半年後、フランスの「ル・モンド」誌に異議《いぎ》を唱《とな》える意見書が掲載されました。五名の作家・文化人が起草したものに約百名が賛同署名したものです。この意見書は「セクハラを容認するものだ」などと強く批判され、激しい論争に発展。これが世界的なニュースになった要因のひとつに、「あのカトリーヌ・ドヌーヴ」が署名していたことがあります。この騒ぎのなかフランスの「リベラシオン」誌はドヌーヴに電話インタビューを依頼。これに対して彼女は書簡《しょかん》という形で応えました。記者という他人を介してではなく自分の言葉で語ったのです。「ドヌーヴは謝罪に追いこまれた」とされていますが、これは誤解です。彼女は意見書によって傷ついた「被害者の女性にのみ」謝罪しているのですから。書簡のなかに「ひとが群れることによって生じる影響力、圧力が私は嫌いです」という一文がありますが、これははっきり「集団狂気（マス・ヒステリア）」への警句でしょう。

ドヌーヴは意見書の賛同者たちと自分が同一視されることに我慢できず、自分だけの意見を発表しました。ゆるぎない個人主義がくっきりと見えます。

＊リベラシオン誌に発表されたカトリーヌ・ドヌーヴの書簡《しょかん》＊　抜粋・意訳

事実、私はル・モンド誌に掲載された意見書「『性の自由』と切っても切り離せない『口説《くど》く自由』を私たちは擁護《ようご》する」に署名しました。

それに対して多くの反響があったので、正確に私の考えをお伝えしなければなりません。

私は自由を愛しています。

ひとを糾弾《きゅうだん》したり裁《さば》いたり、仲裁《ちゅうさい》に入りたがったりする、現在の状況が嫌いです。

SNSで告発されたことで処罰され、辞職に追いこまれ、マスコミにリンチ（私刑）される現在の状況が嫌いです。

私はセクハラという行為自体を許すつもりはありません。

ただ、この男性たちの罪について、判断を下す資格は私にはないし、私以外にも、その資格があるひとは少ないはずです。

ひとが群れることによって生じる影響力、圧力が私は嫌いです。今日《こんにち》では、もはやそれが当たり前になってしまっています。

ハッシュタグは密告《みっこく》への招待にならないでしょうか？その裏に不法行為や、情報操作がないという保証はありますか？無実なひとを自殺に追いやる可能性は？

たしかに私は意見書に力強さを感じたあまり、細部まで完璧にその内容を確認できていなかったかもしれない、そのことは認めます。

そして意見書の起草者の何人かと、意見の不一致があることを強調したい。

たとえばメディアで個人的見解を述べて、あの意見書の精神をゆがめているひとと私は違います。

テレビなどで「レイプで快感を得ることもある」などと言うことは、レイプ被害者の顔に唾《つば》を吐《は》く行為であり、加害者に「被害者も喜ぶことがあるのなら、そんなに大したことではない」と思わせる危険性さえあります。

ひとりの人間の個人的な見解がほかの意見書の賛同者をまきこむことになる、そのことに私はとても憤《いきどお》りを覚えます。

意見書のなかにハラスメントがよいとは書かれていない。もし書かれていたら私はサインなどしませんでした。

ひとに心的外傷《しんてきがいしょう》を与えるような耐え難い状況をつくるのは、いつも権力です。ひとを服従させ威圧《いあつ》する権力です。

意見書にサインしたひとつの理由として、私にとって重要だったのは、芸術における検閲《けんえつ》・粛清《しゅくせい》の危険性です。

サドを焚書《ふんしょ》にする？

ダ・ヴィンチに小児性愛者の烙印《らくいん》を押して美術史から消す？

ゴーギャンの作品を美術館から撤去《てっきょ》する？

エゴン・シーレのデッサンを破壊する？

フィル・スペクターのCDを聴くのを禁止する？

こういった検閲・粛清のムードを前に、私は絶句《ぜっく》し、私たち社会の将来に不安を覚えます。

私は、いままでにも「フェミニストではない」と非難されたことがあります。

みなさんはお忘れなのでしょうか？

私はシモーヌ・ド・ボーヴォワールが起草した「人工妊娠中絶の自由」に対する三四三人のマニフェストに署名したことがあります。マルグリット・デュラス、フランソワーズ・サガンたちとともに。

中絶は罪とされ、牢獄《ろうごく》に入れられた時代にです。

最後に。保守派、差別主義者、伝統主義者たちが、私を支持するという形で、私を利用していることに私は気づいています。騙《だま》されるほど私はバカではない、と強調したい。あなたたちは私の感謝も、私の友情も得られないどころか、その真逆です。

私は自由な女です。

これからもそうです。

「ル・モンド」誌の意見書によって、傷つけられたと感じた被害者の方々、彼女たちに対してのみ、私は友愛の精神をもって向き合い、謝罪したいと思います。

Filmography

カトリーヌ・ドヌーヴ　おもな映画について

＊六十年もの間ブランクなく映画界の中心で活躍してきた大女優ドヌーヴの出演映画は百本を超えます。そのなかから、日本で観ることが可能な代表作をピックアップしました。
なお、ドヌーヴの誕生日は10月22日。年齢は公開時に合わせています。

パリジェンヌ（18歳）　1962・1

四人のパリジェンヌを主人公にした短編オムニバス映画。ドヌーヴは四本目の「ソフィー」に出演。この作品ではじめて主役を演じました。とても無邪気で可愛らしい女子高生のドヌーヴは必見。三十分にも満たない作品ながら、初恋のときめきがみごとに表現されていてすばらしい。脚本は当時の恋人ロジェ・ヴァディム。

シェルブールの雨傘（20歳）　1964・2

ドヌーヴを一躍有名にした記念碑《きねんひ》的な映画。監督ジャック・ドゥミとの出逢いがなかったら女優を続けていなかったかもしれない、と言うほどに、この映画はドヌーヴにとって重要な作品となりました。フランスの港町シェルブールを舞台に、アルジェリア戦争で引き裂《さ》かれる恋人たちの悲劇を描いたミュージカル。音楽はミシェル・ルグラン。全編を通してセリフが歌。ただ歌手ではないドヌーヴは実際には歌っていません。

必見は、ラストシーン。ガソリンスタンド、雪が降りしきるなかの別れ。波のようにいくどもおしよせるテーマ曲。胸かきたてるこのテーマ曲は、世界中で大ヒットしました。「色彩と音楽のすばらしさ。ダイヤモンドのように光を放つ、映画史上もっとも美しいミュージカル」と大絶賛を浴び、カンヌ国際映画祭でグランプリを受賞しました。

反撥《はんぱつ》（21歳） 1965・6

『戦場のピアニスト』のロマン・ポランスキー監督によるサイコホラー。

ベルリン国際映画祭グランプリ受賞。ドヌーヴ演じるヒロインは、性に対して嫌悪感と好奇心を抱きながらも、次第に精神状態が不安定になり、ふたりの男を殺して発狂するというエキセントリックな若き女性。虚《うつ》ろさの漂《ただよ》うシリアスな演技が評価され「カトリーヌ・ドヌーヴがショッキングな役柄を演じた最初の作品」として有名です。全編モノクロ、セリフがほとんどないのにひしひしと伝わってくるヒロインの不安感。けっして明るい気分になる映画ではないけれど、ドヌーヴの演技には圧倒されます。

ロシュフォールの恋人たち（23歳） 1967・3

姉フランソワーズ・ドルレアックとの姉妹共演が話題となった楽しいミュージカル。双子の姉妹を演じたふたりは「世界でもっとも美しい姉妹」と称賛されました。監督ジャック・ドゥミ、音楽ミシェル・ルグラン。映画が公開された三ヶ月後、交通事故によりフランソワーズは二十五歳という若さで亡くなっています。

■昼顔（23歳）　1967・5

現在「あなたの代表作は？」と問われると『昼顔』と答えることが多いドヌーヴ。裕福で優しい医者の夫を精神的に愛しながらも、マゾヒズム的な願望を心に秘め、抑えきれない欲望を満たすために「昼顔」という名で娼館《しょうかん》で働くヒロインを演じています。レイプシーン、SMシーンなどもあり、ドヌーヴにとってはきつい撮影でした。

映画は「戦慄《せんりつ》するほどに美しい」と絶賛されヴェネチア国際映画祭でグランプリを受賞。衣装を担当したのはイヴ・サンローラン。映画の大ヒットもあって、ドヌーヴとサンローランのペアが世界中に知られ、ドヌーヴはファッション・アイコンとしての地位を決定的にしました。この映画での彼女のファッションはいまや伝説的です。

■幸せはパリで（25歳）　1969・5

ハリウッド映画初出演の作品。ドヌーヴの役はフランスの社長夫人。夫の部下と恋におち駆け落ちを計画するという、軽やかなロマンティックコメディ。

■暗くなるまでこの恋を（25歳）　1969・6

監督のフランソワ・トリュフォーがドヌーヴの魅力を賞賛するために作ったかのような

映画です。原題にある「セイレーン＝人魚」は魔性の女（ファム・ファタル）の代名詞でもあり、ドヌーヴはみごとにこの役を演じています。相手役は人気俳優のジャン・ポール・ベルモンド。彼がドヌーヴの顔を「ひとつの風景」としてうっとりと褒め称えるシーンが印象的。映画は興行的には大失敗。けれどなぜか日本ではヒット。ドヌーヴの美しさ危険さ冷酷さを満喫できる映画で、みごたえたっぷりです。この映画のあとトリュフォーとドヌーヴは同棲を始めています。

哀しみのトリスターナ（26歳）　1970・3

『昼顔』の監督ルイス・ブニュエルが再びドヌーヴを主演に撮った映画。トリスターナという名のヒロインは、薄幸《はっこう》の残酷《ざんこく》な美女。ぞっとするほどの恐ろしさがあります。役柄と自分を同一視されることを嫌うドヌーヴにしてはめずらしく「トリスターナは私自身に近い性格をもつ女性」と言っています。必見シーンは、二階の窓から下にいる庭師に向かってガウンを広げて裸を見せるところ。蔑《さげす》みの表情にドヌーヴの底知れぬ才能を感じます。

ロバと王女（27歳）　1970・12

監督ジャック・ドゥミ、作曲家ミシェル・ルグランと組んだ三作目。ドヌーヴは美しい王女役。ドヌーヴ演じるまばゆいばかりの王女。衣装のきらびやかさも含めて、その美しさを堪能《たんのう》できます。『シンデレラ』など、数多くの童話を書いたシャルル・ペローの『ロバの皮』が原作ということもあり、大人から子どもまで多くの人に愛されている映画です。

リスボン特急（28歳）　1972・10

主演は人気俳優のアラン・ドロン。ドヌーヴとの初共演が話題となりましたがフランスでは酷評。アラン・ドロンも「中途半端な失敗作」と言うほどですが、日本ではヒットしました。ドヌーヴの出演場面はそれほど多くはありませんが、ドヌーヴの看護師姿が拝める、と一部のひとたちの間ではレア映像とされています。

モン・パリ（29歳）　1973・9

監督ジャック・ドゥミ、音楽ミシェル・ルグランと組んだ四作目。実生活でも当時の恋人であるイタリアの名優マルチェロ・マストロヤンニと夫婦役で共演しています。共演は『哀しみの終るとき』『ひきしお』に続いて三作目。物語は奇想天外。夫が妊娠したことによるドタバタ喜劇。ドヌーヴは妻役を楽しそうに演じています。

恋のモンマルトル（31歳）　1975・1

ドヌーヴ自らプロデュースに携《たずさ》わった作品。ナイトクラブで歌ったり娼婦としてお金を稼ぐふたりの女性の友情が描かれています。ドヌーヴ演じるヒロインはひじょうに激しい気性で活力にあふれています。クラブで歌うシーンなどは、ドヌーヴが尊敬するというマリリン・モンローを思わせます。

ヘルバスター　避暑地の異常な夜（31歳）　1975・4

相手役は名優ジャン＝ルイ・トランティニャン。B級映画と言われるような、このような映画に出るドヌーヴにチャレンジ精神を見ます。

■終電車（36歳）　1980・9

フランソワ・トリュフォー監督最大のヒット作。『暗くなるまでこの恋を』で、ドヌーヴの魅力を十分に引き出せなかったリベンジとして、ドヌーヴのために作られたものです。オープニングで流れるリュシエンヌ・ドリールのシャンソン「サンジャンの私の恋人」が物憂くロマンティックに映画世界に観客をいざないます。どんなに過酷な状況にあっても、過酷な状況だからこそ、人間には楽しみが必要なのだというメッセージと人間の生きる原動力が表れている素晴らしい映画。

毅然とした態度で、ナチス占領下のパリの劇場を支える強く美しいヒロインは、フランス人の誇りそのものであり、映画は大好評。セザール賞で最優秀作品賞をはじめ十冠の栄光に輝き、ドヌーヴも個人賞として初の主演女優賞を受賞しました。

■ハンガー（40歳）　1983・4

デヴィッド・ボウイとの共演が話題になった映画。トニー・スコット初監督作品。現在でもデヴィッド・ボウイが出演しているということでカルト的な人気があります。デヴィッド・ボウイの出演シーンはとても短く、主演はドヌーヴなのですが、始まってすぐ、シャワールームでのふたりのキスシーンはとにかく美しい。

ドヌーヴ演じる美しく妖艶な吸血鬼と、彼女に惹《ひ》かれてゆくスーザン・サランドン演じる研究者、ふたりのレズビアンシーンも大きな話題となりました。

■インドシナ（48歳）　1992・4
一九三〇年代のフランス領インドシナを舞台にした大河ドラマ。ドヌーヴはゴム農園を取り仕切る孤独で強いフランス人女性を演じました。脚本はドヌーヴを念頭に置いて書かれたので、ドヌーヴ本人が「あのヒロインをそのまま私だと思ってもらってもいいくらい」と言っています。笑顔はほとんどなく、外見はひじょうにクール。それでいて情熱的。たしかにドヌーヴそのものです。映画は大ヒット、ドヌーヴの演技も大絶賛され、二度目のセザール主演女優賞を受賞しました。

■メフィストの誘い（51歳）　1995・9
ポルトガル映画界の巨匠、マノエル・デ・オリヴェイラ監督九十二歳の作品。ゲーテの「ファウスト」をモチーフに、光と闇、善と悪などの観念が交錯する詩的な映画です。夫役にはジョン・マルコヴィッチ。ドヌーヴは悪魔に誘惑される美しい妻を演じています。誘惑されながらも誘惑する妖艶《ようえん》さはさすがです。

■ポーラX（55歳）　1999・5
鬼才レオス・カラックス監督作品。映画化が不可能と言われていたハーマン・メルヴィルの「ピエール」が原作。難解と言われることの多い作品です。ドヌーヴが夜の森をバイクで疾走するシーンは圧巻。

イースト／ウエスト 遙かなる祖国（56歳） 1999・9

冷戦時代のソビエトを舞台にした大河ドラマ。監督は『インドシナ』のレジス・ヴァルニエ。ドヌーヴは主演ではなく、出演時間も少ないのですが、物語の鍵を握るフランスの舞台女優役として登場。圧倒的な存在感を見せつけています。究極の愛が描かれていて、ラストシーンでそれがすべて明かされる。名作です。

ダンサー・イン・ザ・ダーク（56歳） 2000・10

鬼才ラース・フォン・トリアー監督による作品。主演と音楽を担当したのは、アイスランド出身の世界的歌手ビョーク。ドヌーヴは工場で働きながらヒロインを支える労働者の役をノーメイクで演じました。現場でも、演技の経験がないビュークをサポート。映画はカンヌ国際映画祭で最高賞のパルム・ドールを受賞しました。

8人の女たち（58歳） 2002・1

その才能が注目を集めるフランソワ・オゾン監督のエスプリが利いたミュージカル。フランスを代表する八人の女優が出演。「あの大女優たちを歌って踊らせた！」映画は大絶賛、ベルリン国際映画祭では、女優全員に主演女優賞である銀熊賞が与えられました。登場人物の心情が、女優たちの唄う過去の名曲により表現され、それぞれの心情にすんなり入ってゆけます。

ドヌーヴ演じるマダムは、深いグリーンがよく似合うブルジョアで少し高飛車な、でも愛にとても飢えている女性です。ファニー・アルダンとのキスシーンがとても美しい。ドヌーヴもファニー・アルダンもフランソワ・トリュフォー監督の恋人だった時期があり、そのふたりを絡ませるオゾン監督は大胆。

ラストシーン、名女優ダニエル・ダリュー（ドヌーヴは「私は彼女のDNAを受け継いでいると思う」と言っています）が歌う「幸せな愛はない（Il n'y a pas d'amour heureux）」はすばらしく、映画史上に残る名シーンだと思います。

逢いたくて（59歳）　2002・11

女性監督トニー・マーシャルのドヌーヴへの憧れが色濃く出ている映画です。五十九歳の気の強い女性がドヌーヴの役。あるカフェで、男性に脚を触られるシーンの、生々しくエロティックなドヌーヴは必見。

永遠《とわ》の語らい（59歳）　2003・10

現役最年長といわれる監督マノエル・ド・オリヴェイラが九十五歳で撮影をした作品。『メフィストの誘い』でもドヌーヴを撮っていますが、この映画はドヌーヴがヒロインではありません。豪華客船の乗客のひとり、実業家として登場しています。

この作品は、9・11アメリカ同時多発テロ事件が深く関係しています。衝撃のラスト。人間が作り出した文明、美、命。同じ人間が作り出した欲望、争い。しばらく立ち上がることができないほど。名作だと思います。

キングス&クイーン(61歳) 2004・12

監督アルノー・デプレシャン、共演者など四年後の『クリスマス・ストーリー』と重なります。ドヌーヴは精神科医の役。出番はそれほど多くはないのですが、主人公を診察するシーンなど、強い存在感があります。

ストーン・カウンシル(62歳) 2006・11

イタリア映画界の至宝モニカ・ベルッチとの共演が話題となったアクション・スリラー。ドヌーヴの出演シーンは少ないものの、物語の鍵となる人物を演じています。

輝ける女たち(63歳) 2006・12

ティエリー・クリファ監督。「ローズ」をはじめとする劇中に流れる歌もすばらしく、静かに流れるストーリー、深みのある物語です。家族、男女の愛、同性愛、娼婦、しがらみ、過去……。やわらかな眼差しが全編に満ちて、自由な精神について考えさせられます。ちょっとダメ男っぽいけど魅力あるひとりの男性を取り巻く女性たち。ドヌーヴは魅惑的で、そして、ひとりひとりの俳優の表情がすばらしく、ひきつけられます。

クリスマス・ストーリー（65歳）　２００８・５

監督は『キングス＆クイーン』でも組んだアルノー・デプレシャン。共演は実の娘キアラ・マストロヤンニをはじめとても豪華。登場人物が多いのでよく観ていないと混乱するくらい。いわゆる群像劇です。

ドヌーブ演じる母親は、まさに「世間の母という概念を全部無視した母親」。そのわがままっぷりや毒舌は、ここまでくると爽快。しかも胸の奥の奥には深い愛情がある、魅力ある女性です。ドヌーヴはこの映画でカンヌ国際映画祭特別賞を受賞しています。

隠された日記 母たち、娘たち（66歳）　２００９・10

女性監督ジュリー・ロペス＝クルヴァルはドヌーヴより二十九歳年下。

ドヌーヴは娘とうまくやってゆけない、仕事一筋のちょっと冷たくエゴイスティックな、愛情がないわけではないけれど近寄りがたい母親役。ほかの映画でも、こういった役はいくつかあります。娘役のマリナ・ハンズとはプライベートで仲が良く「いつも仲良しだけど本番になると険悪な仲になるのは面白かった」と言っています。

しあわせの雨傘（67歳）　２０１０・11

『８人の女たち』のフランソワ・オゾン監督と再びタッグを組んだ作品。共演にプライベートでも友人であり何度も共演しているジェラール・ドパルデュー。

映画のポスターなどにも登場する真っ赤なジャージ姿が印象的です。ジャージ姿でジョギングするシーン、平凡な主婦という役なので「頭にカーラーを巻いたスタイルにしたらどうかしら」とドヌーヴが自ら提案し採用されました。

この映画を観ると、日々の生活をどう生きるのか、ということを考えさせられます。ドヌーヴ演じる女性は固定観念から自由で、美しいものに対する感受性が豊かで、それを口に出すことになんのてらいもない。そのときそのときの自分に与えられた環境を最高レベルで楽しめる人物なのです。そこがなんとも魅力的。圧巻はラストシーン。ドヌーヴ演じる女性が「人生は美しい」を歌います。これはフランスの偉大なるミュージシャン、ジャン・フェラが深刻な交通事故を生きのびたシャンソン歌手イザベル・オーブルのために書いた曲。歌詞も素晴らしいです。そしてこの歌を歌い終わったときのドヌーヴのセリフ。「そうよ、人生は美しい」。そのときの表情、声。必見です。

愛のあしあと（67歳）　2011・8

『シェルブールの雨傘』や『昼顔』など、名作へのオマージュシーンがちりばめられたクリストフ・オノレ監督によるミュージカル。女優三人の存在が、とにかくすばらしい。カトリーヌ・ドヌーヴとキアラ・マストロヤンニ、実の母娘の共演。そしてその母娘におしつぶされることなく輝いているのがリュディヴィーヌ・サニエ。

映画はもちろんストーリーはあるのですが、とにかく混沌《こんとん》としていて、キリスト教モラルとか、なんとなくの世間一般的なモラルとか、そういうのが機能しているようで機能していない。愚《おろ》かで自己愛に満ちて、そんななかで、ふとしたときに家族や友を想いやったりして、死があって。愛を強く求め、愛に敏感な種類の人間というものの姿を、美化することなく描いている。でも不思議とみんなが美しい。そしてけっして明るい物語ではないのに、全体的に陽気な空気が満ちていて、観終わったあと、しみじみと、生きるということへのエナジーみたいのがわきあがってくる。いまの自分を責めなくてもいい、複雑である状態をそれでいいんだ、と思わせてくれる、かぎりなく優しい映画です。

■ミス・ブルターニュの恋（69歳）　2013・9

女性監督エマニュエル・ベルコと組んだ作品。原題は「Elle s'en va」。「彼女は今いる場所を離れて」という意味。

人生なんてこんなもの、でも、やっぱり、こんなもの、ってかんじだけでは生きたくないのよ、何歳になっても愛したいし愛されたいの、こんな生き方じゃだめ？　でも、何をもって良い悪いとかジャッジするの？　そんな価値観に支えられた物語です。

現代では悪癖の代名詞でもある煙草《たばこ》という嗜好《しこう》品がもたらす、スモーカー同士にしか味わえないコミュニケーションとか、飲みすぎて気づいたら四十歳くらい年下の男の子とベッドにいてびっくりとか、そんなのもおもしろい。同年齢の男性とめぐりあって、夜をともにした翌朝、互いの好きなこと嫌いなことを伝え合うシーンは秀逸《しゅういつ》。そこにはたしかに恋の始まりの甘く期待に満ちた美しい空気があります。そしてラストシーン、少年が叫ぶ「人生は続く！」という言葉が胸をうちます。

愛しすぎた男 37年の疑惑（70歳）　２０１４・７

ドヌーヴが絶対的に信頼しているアンドレ・テシネ監督と組んだ映画。ドヌーヴはカジノ経営をする五十代半ばくらいの女性として登場。ときが流れて七十代半ば、八十代半ばの役を演じているのですが、このドヌーヴがすごい。輝くばかりに美しい五十代半ばのころの役とうってかわって、化粧気もなく髪もグレーとなり、完全な老女を演じています。ドヌーヴはすごい女優だ、と思わざるを得ない、そんな迫力があります。

3つの心 あのときもしも（71歳）　２０１４・９

ブノワ・ジャコー監督による「フランス映画の王道」映画。複雑で正解のない愛のかたちをしずかにスリリングに描き、フランス本国では四十万人を動員しました。

出演者も大きな話題となりました。シャルロット・ゲンズブール（セルジュ・ゲンズブールとジェーン・バーキンの娘）、キアラ・マストロヤンニ（ドヌーヴとマストロヤンニの娘）、このふたりが姉妹役で、その母役にドヌーヴ！　そして姉妹とややこしい愛の関係になるのがキアラの現実のパートナーであるブノワ・ポールヴールド。

シャルロットとキアラは母親同士（ジェーン・バーキンとドヌーヴ）が友人同士であることから幼いころからの知り合い。お互いに、「だからとても演じやすかった」と言っています。

神様メール（71歳）　2015・9

ブラックが利いたファンタジック・コメディ。自分の人生を考えさせられる映画でもあります。余命を知らされたら自分だったら何をするのか。ドヌーヴはいくつかの物語のひとつのヒロインなのですが、物語はとてもおかしみがあり、心温まるもの。「あのドヌーヴがゴリラとベッドイン！」と話題になりましたが、それについて。「とにかく気に入ったのよ。ゴリラが恋の相手になるというりっぱなラブストーリーよ」。

太陽のめざめ（72歳）　2015・5

信頼するエマニュエル・ベルコ監督と組んだ映画。カンヌ国際映画祭でオープニング作品として公開されました。女性監督の作品がカンヌの開幕を飾るのは二十八年ぶり史上二度目の快挙として話題に。ドヌーヴは女性判事役。「実際に法廷へも行ってみたけれど、手に負えないような子どもたちに対して見せる、判事たちや指導員たちの根気強さ、寛容さ、かぎりない思いやりに衝撃を受けたわ」。

ルージュの手紙（73歳）　2017・3

監督はマルタン・プロヴォ。フランスの有名女優カトリーヌ・フロとの共演。

まったく性格の違うふたりの間にしだいに友情と家族愛が生まれるストーリー。ドヌーヴ演じるベアトリスは型破りすぎるほどに自由奔放《ほんぽう》、ギャンブル好き、けれど余命わずか。ドヌーヴのわがまま放題なのに憎めないベアトリス役、その演技が絶妙でかなしみのなかにもユーモアがあり「生」に満ちています。いま現在を楽しむことのすばらしさがじーんと胸に広がる映画です。

ホテル・ファデットへようこそ（73歳）　2017・8

ドヌーヴ演じるのはフランスの田舎町のプチホテル・ファデットの女主人。ホテルは愛人からの手切れ金。経営もいい加減、身勝手ではちゃめちゃなヒロインをドヌーヴが、楽しそうに演じています。周囲は振り回されっぱなしなのですが、その独特の魅力で愛されているというキャラクター。実生活も本当にこんな感じなのでは、と思ってしまうくらいのはまり役。共演は友人でもある名優ジェラール・ドパルデュー。

女神よ、銃を撃て（74歳）　2017・11

ドイツ出身の有名女優ダイアン・クルーガーとの共演が話題になりました。監督は『輝ける女たち』でもタッグを組んだティエリー・クリファ。ドヌーヴ演じるヒロインを「女神」とあがめる不良青年との間にある種の友情が芽生えてゆく過程があたたかな空気感に満ちています。原題は「私たちを隔《へだ》てるもの」。納得のタイトルです。

バッド・シード（75歳）　2018・11

映画の最初に映し出されるエピグラフ。「雑草などない。――ヴィクトル・ユゴー」

このテーマに貫かれた映画です。ドヌーヴは主人公の青年の養母を演じています。息子のためなら、詐欺《さぎ》の手伝いや人を騙《だま》すこともいとわない「やんちゃで強い母」。嫌味のない、思わず笑ってしまうシーンが随所にあります。かわいいドヌーヴが観られる作品。

監督・脚本・主役を務めたのは、現在フランスで活躍中のイラン出身のケイロン。イランやフランスの闇社会に触れつつも、コメディ要素あふれる本作はNetflixオリジナル映画として配信されています。

真実（75歳）　2019・10

二〇一八年、『万引き家族』でカンヌ国際映画祭最高賞パルム・ドールを受賞した是枝《これえだ》裕和《ひろかず》監督による受賞後初の映画。

カトリーヌ・ドヌーヴ、ジュリエット・ビノシュというフランスの二大女優が初共演にして母娘を演じることが撮影前から注目され、二〇一九年ヴェネチア映画祭オープニング作品として上映され絶賛されました。

ドヌーヴが演じるのは、フランスの国民的大女優ファビエンヌ。彼女が「真実」というタイトルの自伝本を出版し、そのお祝いに家族が集まります。海外で脚本家として活躍している娘をジュリエット・ビノシュが、その夫をイーサン・ホークが演じています。

母と娘、というのがひとつのテーマ。

母の自伝本に書かれた嘘と、書かれていない真実。娘と母の確執から目が離せません。

また、ドヌーヴが若い頃、仲の良かった姉フランソワーズ・ドルレアックを喪っていることを知って観ると、さらに物語に深くはいりこんでしまいます。
ドヌーヴは「私はファビエンヌとは違うわ。娘とは仲がいいし、ヒョウ柄のコートにヒョウ柄の靴を合わせたりしないもの」と言っていますが、わがままでも少女のようなかわいらしさ、おちゃめさがあるファビエンヌはどうしてもドヌーヴと重なります。

朝、撮影所に現れてから帰るまでの一挙手一投足がすべてのひとの目を奪う。好きなことは好きだと言い、嫌いなことは嫌いだと言う、嬉しいときはほんとうに嬉しそうで、疲れたときは疲れたと言う。わがままなこともするけれど、なぜか周囲を不快にさせない。むしろかわいい、と思わせてしまう。是枝監督はインタビューで「ずるいくらいかわいい」と表現していますが、そんなところはやはりファビエンヌ＝ドヌーヴなのでしょう。

是枝監督は熱心にドヌーヴにインタビューをし、脚本を練っていったと語っています。映画のなかでイーサン・ホークが義母であるドヌーヴにおやすみのキスをされ、「きみのママのキスはここだぞ」と唇のすぐ横を指差しながら妻に言うシーンがあるのですが、これは実際、是枝監督がドヌーヴから「お疲れ様」のキスを受けた場所で、衝撃的だったからそのまま映画で使ったそうです。

二〇一九年九月に是枝監督は、『こんな雨の日に――映画「真実」をめぐるいくつかのこと』を出版。そこに綴《つづ》られた八年間の物語。映画への愛。撮影にかける熱量。そして俳優たちとのエピソード、彼らに対するリスペクト。あらためて是枝監督という人の魅力をずっしりと感じます。また、監督がドヌーヴにぐんぐん惹《ひ》かれていく様子がリアルで、描かれたドヌーヴがあまりにも魅惑的でチャーミングで、おすすめの本です。

カトリーヌ・ドヌーヴ略年表

西暦	齢	事項
1943年		10月22日、フランス・パリに生まれる。
1961年	18歳	ロジェ・ヴァディムと出逢う（17歳）
1962年	19歳	『パリジェンヌ』
1963年	20歳	『悪徳の栄え』
1964年	21歳	『シェルブールの雨傘』。息子クリスチャン・ヴァディムを出産（20歳）。
1965年	22歳	デヴィッド・ベイリーと結婚。『反撥』
1967年	24歳	姉フランソワーズ・ドルレアックが亡くなる。『ロシュフォールの恋人たち』『昼顔』。（23歳）
1968年	25歳	『めざめ』『恋のマノン』『うたかたの恋』『別離』
1969年	26歳	トリュフォーと出逢う。『幸せはパリで』『暗くなるまでこの恋を』
1970年	27歳	マルチェロ・マストロヤンニと出逢う。『哀しみのトリスターナ』『ロバと王女』
1971年	28歳	「三四三人のマニフェスト」に署名。『哀しみの終るとき』
1972年	29歳	デヴィッド・ベイリーと離婚。娘キアラ・マストロヤンニを出産（28歳）。
		『ひきしお』『リスボン特急』
1973年	30歳	『モン・パリ』
1975年	32歳	『恋のモンマルトル』『ヘルバスター避暑地の異常な夜』『うず潮』
1980年	37歳	『終電車』（36歳）。セザール賞主演女優賞を受賞。
1983年	40歳	『ハンガー』（39歳）
1985年	42歳	フランス共和国を象徴する「マリアンヌ」に選ばれる。
1992年	49歳	『インドシナ』。米国アカデミー賞主演女優賞にノミネート。
		二度目のセザール賞主演女優賞 を受賞。
1995年	52歳	『メフィストの誘い』
1996年	53歳	『夜の子供たち』

＊カトリーヌ・ドヌーヴは10月22日が誕生日のため、本文、「おもな映画」に記載の年齢と一年ずれる年も多いですがご了承ください。重要なところには（　）で当時の年齢を入れました。

1998年	55歳	『ヴァンドーム広場』。ヴェネチア国際映画祭女優賞を受賞。 姉フランソワーズ・ドルレアックのテレビ映画と本を制作。
1999年	56歳	『ポーラX』『イースト／ウエスト 遙かなる祖国』
2000年	57歳	『ダンサー・イン・ザ・ダーク』
2001年	58歳	『家路』
2002年	59歳	『8人の女たち』『逢いたくて』
2003年	60歳	『永遠(とわ)の語らい』
2004年	61歳	『キングス&クイーン』。「日記」を出版。
2005年	62歳	『ストーン・カウンシル』
2006年	63歳	『輝ける女たち』
2007年	64歳	『ペルセポリス』に声優として出演。フランス映画祭の団長として来日。
2008年	65歳	『クリスマス・ストーリー』
2009年	66歳	『隠された日記 母たち、娘たち』
2010年	67歳	『しあわせの雨傘』
2011年	68歳	『愛のあしあと』
2013年	70歳	『ミス・ブルターニュの恋』
2014年	71歳	『愛しすぎた男 37年の疑惑』『3つの心 あのときもしも』
2015年	72歳	『神様メール』『太陽のめざめ』
2016年	73歳	リュミエール賞受賞。
2017年	74歳	フランス映画祭の団長として来日。リベラシオン誌に書簡が掲載される。 『ルージュの手紙』『ホテル・ファデットへようこそ』『女神よ、銃を撃て』
2018年	75歳	高松宮殿下記念世界文化賞受賞。『バッド・シード』
2019年	76歳	『真実』(75歳)。ジャパンプレミアのため来日。

おわりに

本書の本文の第一稿をほぼ書きあげたころ、カトリーヌ・ドヌーヴが来日することを知りました。『真実』ジャパンプレミアの舞台挨拶《あいさつ》に登壇《とうだん》するというのです。チケット発売日、パソコンの前で0時になるのを待ち、最高の場所で彼女を見るためにラグジュアリーシートの真ん中を予約。

五日後、高鳴る胸、頬《ほお》の紅潮《こうちょう》、鼓動《こどう》までも聞こえてくるような状態でドヌーヴの登場を待ち、そして壇上《だんじょう》に彼女が、是枝裕和《これえだひろかず》監督、ジュリエット・ビノシュとともに姿を現したとき、私は文字通り、てのひらが腫《は》れるほどの拍手で彼女を迎えました。

二〇一九年十月三日のことです。

袖《そで》にファーのついたシンプルな黒いワンピース、そしてほっそりとした足にはハイヒール、肩のあたりでゆるやかにウェーヴしている豊かなブロンド。デビュー時から「クール・ビューティー」が代名詞である女優は、かわらずクールで美しく、神々《こうごう》しいほどの存在感でした。

　そんな彼女を、手を伸ばせば届くんじゃないかと錯覚《さっかく》しそうなほど近くにいる彼女を、目から血が出るんじゃないかと思うほどに、何ひとつ見逃すまいと凝視《ぎょうし》しながら私は、おかしな感覚にとらわれていました。

　七十五歳のドヌーヴ、デビューからいままでの彼女の作品、彼女が演じたヒロインの姿、彼女の私生活、恋愛や出産、悲劇などが、それこそ走馬灯《そうまとう》のように頭を駆《か》け巡《めぐ》ったのです。

　私より二十三歳も年上なのに、ずっと見守り続けてきたひとがそこにいるみたいな感覚。

　本書を書くために、可能な限り彼女の人生に、映画にふれてきたのだから、半年以上もの間、ずっと彼女と過ごしたようなものなのだから、それはおかしなことではなくて当然のことだったのかもしれません。

カトリーヌ・ドヌーヴは、私がフランス映画を観るようになった、もう三十年も前から大好きな女優で、初期の映画はVHSやDVDで、そしてリアルタイムでは、ドヌーヴが出ている、というだけで映画館に出かけていました。

二〇一七年のフランス映画祭で彼女が団長として来日したときにも、会いたくてオープニングに行き、はじめて目にしたカトリーヌ・ドヌーヴに感激したものです。そのときにはドヌーヴを讃《たた》える彼女の過去の作品の名場面が美しく編集された映像が流され、それを見たときにも胸がいっぱいになったことをよく覚えています。

いつかカトリーヌ・ドヌーヴの本を書きたい。

そう願いながら、けれどそれは無理なのだと思い続けていました。

理由は、ドヌーヴ自身が、それを望んでいないということ。つまり、彼女は自分について他人にあれこれと書かれるのを極端に嫌うひとなのです。

インタビューをまとめた本を出すという企画に一度は賛同したも

のの、まとめられたものを読んで企画を中止したこともあるくらい。つまりインタビューというものは、そのテーマによってライターが彼女の言葉を取捨選択《しゅしゃせんたく》しまとめるわけですから、自分の色彩ではなくライターのものになってしまっている、「ここには私がいない」というわけです。

だから、ドヌーヴについての伝記本はフランスでも出版されていなくて、私がドヌーヴについて書きたくても、資料が決定的に足りない。資料はないし、ドヌーヴも誰かによって書かれるのを望んでいない、だから無理。書けない。

それでも、私は彼女の生き方、考え方がとても好きだし、こんなにすごくて、こんなに興味深いひとがいる、ということを伝えたい、書きたい。

「書きたい」が「無理」を超えたのは、二〇一七年、#me too《ミートゥー》をめぐる騒動でドヌーヴが槍玉《やりだま》にあげられ、それに対するドヌーヴ個人の書簡《しょかん》を読んだときです。本文のラストに抜粋を紹介しましたが、そこには私が好きなドヌーヴがぎゅっとつまっていました。彼女の生き方が色濃くあって、私はあらためて胸うたれました。

やっぱり私、このひとのことを書きたい。ドヌーヴにこんなのくず、って思われてもいい。彼女を敬愛する物書きの私的なファンブックの一冊だと思ってもらうしかない。そう決めて、というか開き直って、私は本書を書き始めました。

ただ、これは、誰かの生き方や言葉の本を書くときの私の信条でもあるのですが、書き始めるときにもカトリーヌ・ドヌーヴに誓いました。「私は誠意と愛を携《たずさ》えて貴女《あなた》のことを書きます」。

言葉の壁が大きいのは承知で、それでも彼女が言いたいことを私なりの精一杯でくみとり、それを表現したつもりです。

ウェブから過去のインタビューを可能な限り集めて、それは記事であったり動画であったりしましたが、膨大《ぼうだい》な数になりました。

ドヌーヴの恋人たち、トリュフォーやマストロヤンニ、ロジェ・ヴァディムの本からのアプローチもひじょうに興味深く、彼らのドヌーヴに対する愛や、いかにドヌーヴが特別な女性なのかが伝わってきて、読みながら私までドヌーヴを愛しドヌーヴに去られたような錯覚《さっかく》に陥《おちい》るほどでした。また、本書の完成間際に是枝裕和監督の映画『真実』完成までの日々が綴《つづ》られた『こんな雨の日に』が出版され、すぐさま購入、夢中になって読みましたが、この一冊も、私をさらにドヌーヴの虜《とりこ》とした貴重な本です。

そして日本で視聴可能な映画、五十本近くを観直《みなお》しました。

さて。

まるでぜんぶひとりでがんばってきました、みたいな書き方をしてきましたがそれは嘘で、本書はふたりの友人の存在なくして、完成は不可能でした。

ひとりは谷文之《たにひさし》さん。

「この年代の、こういう内容を知りたい」と矢のようにぶんぶん飛んでくる私の要求に彼は応えてくれて膨大《ぼうだい》な資料を集め、そして英語の文献のものは翻訳をしてくださいました。どれだけの時間とエネルギーが必要だったことか。

もうひとりはカトリーヌ・ドヌーヴと同じ誕生日の「りきマルソー」こと平林力《ひらばやしりき》さん。

五十本近くの映画はほとんど彼と観ました。観た感想を語り合ったものを彼が録音、それを文字におこしてくれました。彼は私の公式サイト「山口路子ワールド」で、私と一緒に観た映画のおしゃべりである「よいこの映画時間」を連載してくれているのですが、ドヌーヴを書くことが決まったとき「出版に合わせて、ドヌーヴ特集を発表できるようにしましょう」と提案してくれたのです。

彼はフランス映画が大好きで、二〇一七年のフランス映画祭でドヌーヴを観られたのも彼のおかげだし、『真実』ジャパンプレミアも、よい席のチケットをとるためにふたりでそれぞれ自宅で待機、0時を待ったわけですが、実際チケットをとってくれたのは彼。ジャパンプレミアも彼と出かけました。

私は、ジュリエット・ビノシュの大ファンでもあり、ビノシュの映画は観られるものはほとんど観ているくらい好きで、だから舞台にはふたりの大好きな女優がいたことになります。奇跡的な体験でした。彼とふたりで大興奮したあの日のことを私は忘れることはないでしょう。

彼は年齢を重ねた女優が好きで、よく「彼女、いいかんじに年齢重ねてきましたね」と喜んでいますが、そんな彼といると私はほんとうに落ち着くのです。だって年齢を重ねるほど好きになってくれるわけですから。「私もいいかんじで枯《か》れてきた？」というと、いつも笑いながらうなずいてくれます。ゲイであるのが私にしてみれば残念なところ。

半年くらい、ほぼ毎週水曜日の夜、ドヌーヴの映画について彼と語り合いました。フランソワ・トリュフォーにふたりで魅せられてしまってそちらに流れてしまったりもして、それもふくめてほんとうにこころ楽しく刺激的な時間でした。

谷くん、りきちゃん、ふたりとも私よりも二十歳くらい年下、妙に老成《ろうせい》しているところが共通点。ときおり三人でドヌーヴの会を開き、話し合い、資料を共有し、本書が完成しました。

忙しい仕事の合間に膨大《ぼうだい》な作業を、友情で、ここまでしてくれただけでなく、私が落ちこんで、もう書けない、としょんぼりしているときには、励ましてくれて、意見をくれて、私、いったい何度、ひとりの部屋で、彼らからのラインやメールにむかって、ありがと、と呟《つぶや》いたことか。

あらためて、心の奥の奥から言いたい。「ありがとう」。

いま書きながら涙が溢《あふ》れます。

また、奥沢《おくさわ》エリさんにもお礼を申し上げます。彼女はふたりが集めた資料のフランス語版の翻訳を担当してくださいました。とくに本書ラストに掲載したドヌーヴの書簡。ドヌーヴの意見がきちんと伝わるよう、何時間もかけて言葉を選んで日本語にした、あれは濃密で大切《たいせつ》なひとときでした。ありがとうエリさん。

担当編集者さんは、「読むことで美しくなる本」シリーズ（言葉シリーズ）をともに作ってきた大和書房の藤沢陽子さん。オードリー、シャネル、マリリン、ジェーン、マドンナに続いて、六冊目になりました。初稿の一番上のメモ、彼女の美しい文字で書かれた「ドヌーヴのことをどんどん好きになってしまいます」の一文を見たとき、どんなに嬉しかったか。

ドヌーヴは、その強さ、自分の生き方を貫《つらぬ》くブレないところが、どこかシャネルに似ているように思います。それでいて「特別な女優」としてマリリン・モンローを敬愛し、そしてジェーン・バーキンの友人でもあります。そんなつながりも私にドヌーヴを親しく感じさせるのかもしれません。

二〇一九年十月二十二日に七十六歳の誕生日を迎えたカトリーヌ・ドヌーヴ。

クール・ビューティーの香りをまといつつも、少女のように純真で率直《そっちょく》で「かわいい」と思わせるひと。そして徹底した個人主義を貫《つらぬ》き、権力の濫用《らんよう》をなにより嫌うひと。好奇心旺盛《おうせい》で、興味のあることに出逢うと瞳《ひとみ》をキラキラさせるひと。そして、いつもいつまでも女であるひと。

カトリーヌ・ドヌーヴのようなひとを「魅惑的《みわくてき》」なひとと言うのでしょう。「魅力的」に「惑《まど》わせる」匂いをふくませた、そんなイメージです。

最後に、いまの私につよく響く言葉を紹介して終わりにします。わかりやすくはないけれど、考えさせられる言葉です。

「ひとは齢《とし》をとるにつれて多くのことを学ぶ。自由にしても自分が過去にもっていた自由、いまある自由、自分が望まない自由、いろいろあると思うの。とくに自分が望まない自由というのは、とても重要なものだと思う。というのは、本当の自由というのは、望む自由と望まない自由の狭間《はざま》にあるものだと思うから」

七十四歳のときの言葉ですが、私は「魅惑的」なドヌーヴに惹《ひ》かれるけれど、こういった言葉から見える彼女の精神活動もたまらなく好きなのです。

ドヌーヴを書いていた時期、衝動《しょうどう》的にひとり旅に出たり、泣いたり笑ったり愛したり愛されたりアルゼンチンタンゴを踊ったりしながら私は、つねにこの言葉のなかをたゆたっていたように思います。

本書を平林力さん、谷文之さんに捧げます。

ドヌーヴの歌声「Je ne peux vivre sans t'aimer
あなたを愛さずには生きられない」が流れるブルーの部屋で

二〇一九年十一月三日　山口路子

◆ Interview（記事）

- Ecran 1978
- Le Matin 1980
- Première 1980
- Le Nouvel Observateur 1983
- Le Nouvel Observateur 1983
- ELLE 1984
- Les Cahiers du Cinéma 1984
- Première 1986
- Madame Figaro 1989
- Studio Magazine 1990
- Femme 1991
- ELLE 1991
- Paris Match 1992
- Premiere 1992
- Studio Magazine 1992
- Marie Claire 1992
- Premiere 1993
- The Washington Post 1993/01/02
- Marie Claire 1993
- Elle 1994
- Paris Match 1995
- The Standard Times 1996
- Les Inrockuptibles 1996
- Paris Match 1997
- Voir 1997
- Studio Magazine 1997
- Coolibri 1997
- Femme 1997
- Paris Match 1997
- Studio Magazine 1998
- Télérama 1998
- Le Figaro Magazine 1998
- L'Express 1998
- The Daily Telegraph 1998
- The Guardian 1998
- Les Cahiers du Cinema 1999
- Moment 2000
- Télérama 2000
- Les Cahiers du Cinema 2000
- Madame Figaro 2000
- The French Journal 2000
- Eurostar 2000
- Studio Magazine 2000
- Marie Claire 2001
- ELLE, 2002
- The Advocate 2002
- Knack 2002
- The View 2002
- The Express 2002
- CineLive 2002
- Brigitte 2003
- Paris Match 2003
- The Guardian 2005/09/21
- The Telegraph 2005/09/23
- The Guardian 2006
- Saga 2006
- Sunday Times 2006
- Vanity Fair 2006/01
  (Interview; 2005/12/19)
  Mail online 2012/05/13
- ELLE, 2014/03/12
- VANITATIS, 2016/03/10
- BOOMSBeat, 2017/07/30
- Non Stop People, 2019/02/13
- El Paso Herald-Post, 1967/06/27
- Le Journal du Dimanche (2002)

おもな参考資料

＊『こんな雨の日に　映画「真実」をめぐるいくつかのこと』
是枝裕和著　2019年（文藝春秋）
＊『The Private Diaries of Catherine Deneuve: Close Up and Personal』
2008年 (Pegasus Books; Reprint版)
＊『トリュフォーの手紙』 山田宏一著　2012年（平凡社）
＊『フランソワ・トリュフォー映画読本』 山田宏一著　2003年（平凡社）
＊『トリュフォー　ある映画的人生』 山田宏一著　2002年（平凡社）
＊『トリュフォー　最後のインタビュー』 山田宏一、蓮實重彦著　2014年（平凡社）
＊『カトリーヌ・ドヌーヴ　シネアルバム4』 責任編集山田宏一　1971年（芳賀書店）
＊『マストロヤンニ自伝　わが映画人生を語る』 押場靖志訳　2002年（小学館）
＊『運命のままに　わが愛しのマストロヤンニ』
エンツォ・ビアージ著　岡本太郎訳　1997年（日之出出版）
＊『成功者たちの「極意」』 早野實希子著　2016年（大和書房）
＊『我が妻バルドー、ドヌーヴ、J・フォンダ』
ロジェ・ヴァディム著　吉田暁子訳　1987年（中央公論社）
＊『ゲンズブールまたは出口なしの愛』
ジル・ヴェルラン著　永瀧達治、鳥取絹子訳　1993年（マガジンハウス）
＊「ネーム：ドヌーヴ・職業:映画監督―アルノー・デプレシャンによるカトリーヌ・ドヌーヴ」(Nobody special issue) 梅本洋一訳　2005年（nobody編集部）
＊「婦人公論」 1999年9月
＊「キネマ旬報」 2007年5月
＊「シネフロント」 1992年9月
＊「ダンサー・イン・ザ・ダーク」 劇場用プログラム
2000年（松竹株式会社事業部編集・発行）

◆ Interview（動画）

- TV番組: Charlie Rose, 1995/06/23
- TV番組: Charlie Rose, 2002/09/16
- TV番組: The JOY BEHAR SHOW, "Actors and Plastic Surgery"
- M•A•C•, A ceremony from Los Angeles, 2006/10/13

山口路子（やまぐち・みちこ）
1966年5月2日生まれ。作家。核となるテーマは「ミューズ」「言葉との出逢い」そして「絵画との個人的な関係」。おもな著書に美術エッセイ『美神（ミューズ）の恋～画家に愛されたモデルたち』、『美男子美術館』、小説『軽井沢夫人』、『女神（ミューズ）』など。また、『ココ・シャネルという生き方』をはじめとする「生き方シリーズ」（サガン、マリリン・モンロー、オードリー・ヘップバーン、ジャクリーン・ケネディ、エディット・ピアフ）、そして「読むことで美しくなるシリーズ」に『オードリー・ヘップバーンの言葉』『マリリン・モンローの言葉』『ココ・シャネルの言葉』『ジェーン・バーキンの言葉』『マドンナの言葉』（だいわ文庫）がある。女優やモデルなど多くの女性の共感を呼び、累計30万部を超えた。最新刊の『逃避の名言集』も話題に。

山口路子公式サイト
http://michikosalon.com/

本作品は当文庫のための書き下ろしです。

だいわ文庫

カトリーヌ・ドヌーヴの言葉《ことば》

著者 山口路子《やまぐちみちこ》

二〇一九年一二月一五日第一刷発行

発行者 佐藤 靖
発行所 大和《だいわ》書房
東京都文京区関口一―三三―四 〒一一二―〇〇一四
電話 〇三―三二〇三―四五一一

フォーマットデザイン 鈴木成一デザイン室
本文デザイン 吉村亮、石井志歩（Yoshi-des.）
協力 奥沢エリ、平林力、谷文之
写真 アフロ（P2、9、23、34、62、78、96、118、136、208、221）
本文印刷 信毎書籍印刷 カバー印刷 山一印刷
製本 ナショナル製本

ISBN978-4-479-30792-1
乱丁本・落丁本はお取り替えいたします。
http://www.daiwashobo.co.jp